Taller de Pintura para Niños

"No existe creatividad sin investigación."

Proyecto de Arte
Roland Borges Soto y Marta E. González Pérez

Estimado entusiasta del arte:

Bienvenido a una nueva experiencia en la Colección Borges Soto. Todos nuestros libros de arte están cuidadosamente diseñados para ofrecer largas horas de sano entretenimiento y satisfacer la experiencia del aprendizaje.

Colección Borges Soto sabe que los artistas están en incesante desarrollo e interesados por aprender y mejorar sus habilidades y talentos. Cada publicación expandirá tus horizontes en el dibujo y la pintura y fortalecerá tus destrezas como artista.

Nuestro propósito principal con esta colección es proveer libros instruccionales para que puedas por ti mismo crecer artísticamente si es que no tienes la oportunidad de tomar clases de arte privadas o visitar algún taller de arte en tu comunidad.

Mis mejores deseos y éxito,

Roland Borges Soto E Md.
Artista y Profesor

Está prohibido reproducir el contenido de este libro en parte o en su totalidad para uso comercial sin el debido consentimiento por escrito del autor o la casa editora.

Todos los Derechos Reservados.

ISBN- 13: 978 1983575525

ISBN- 10: 1983575526

Publicación Centro de Arte © 1982-2018 Derechos Reservados

Para los padres o el tutor...

Este libro está diseñado para desarrollar la creatividad tanto de los niños como la de jóvenes y adultos, estimulando su imaginación a través del arte. Para trabajar con este libro deben disponer de suficientes materiales para hacer sus creaciones.

A continuación un listado de materiales:

_ un estuche de pinturas de colores opacos (tempera) lavables con agua.
_ una caja de crayones de cera o pastel
_ lápices, marcadores o rotuladores
_ cuadernos de dibujo o papel de diferentes tamaños
_ pinceles finos de pelo duro y otros pinceles de diferentes tamaños
_ superficie plástica para hacer mezclas de pintura (paleta o plato)

También es necesario algunas cosas disponibles en el hogar como:

_ papel de periódico para proteger la mesa de trabajo
_ envases o tazones plásticos para el agua
_ papel toalla y paños para limpiar los pinceles
_ un delantal para proteger su ropa

Además de otros materiales y herramientas que se mencionan en los proyectos.

La acción de hacer el proyecto es mucho más importante para el niño que el resultado del final del trabajo. Jamás se le debe criticar negativamente su trabajo, por el contrario se le debe alentar siempre por el esfuerzo aunque usted no logre reconocer lo que ha querido expresar el niño en su obra. Si el niño siente que atrae la atención y el aprecio de los adultos, experimentará mayor interés hacia su trabajo y con ello contribuiremos al desarrollo de su sentido de observación y su imaginación. Los ejemplos mostrados en este libro estimularán a los pequeños artistas a expresar libremente su fantasía y el desarrollo de su personalidad. También los chicos aplicarán técnicas que le permitirán mejorar sus creaciones mientras se divierten jugando con los materiales del arte.

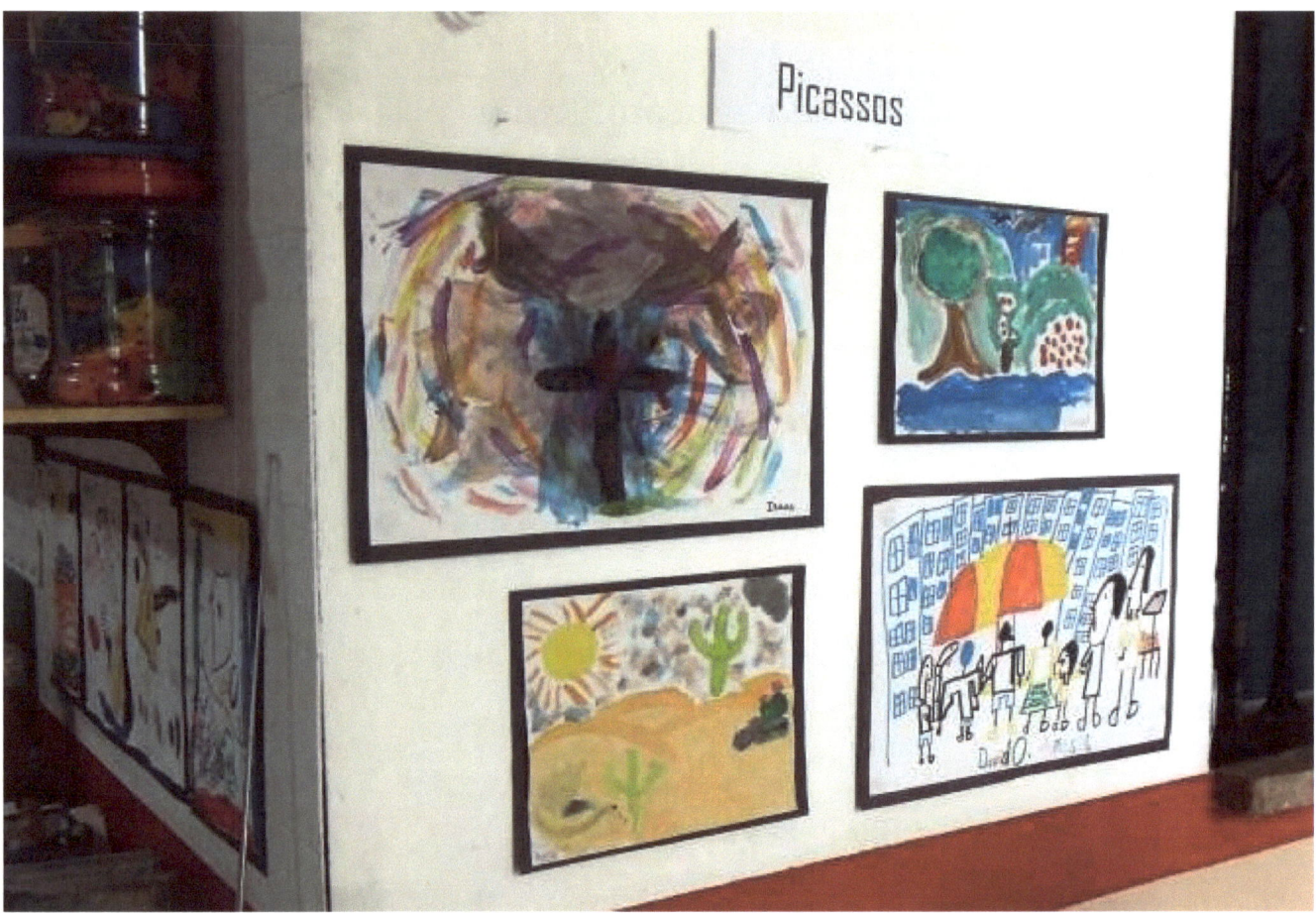

Las ilustraciones y los ejemplos en este libro son de trabajos realizados por estudiantes entre las edades de 3 a 12 años del Taller Kumbayá – Arte para Niños de La Escuelita de Mrs. Marta.

Mrs. Marta y el taller de pintura...

Mrs. Marta trabaja en una hermosa escuelita en una zona rural de una isla llena de luz y color en el Caribe. Su salón resplandece con los hermosos colores de los trabajos de sus chicos. Ellos dibujan, pintan y juegan en el salón azul. Todas las paredes de la escuelita están decoradas con los trabajos de sus estudiantes. Los chicos disfrutan jugando con los materiales y creando excelentes pinturas siguiendo las direcciones que le da su maestra.

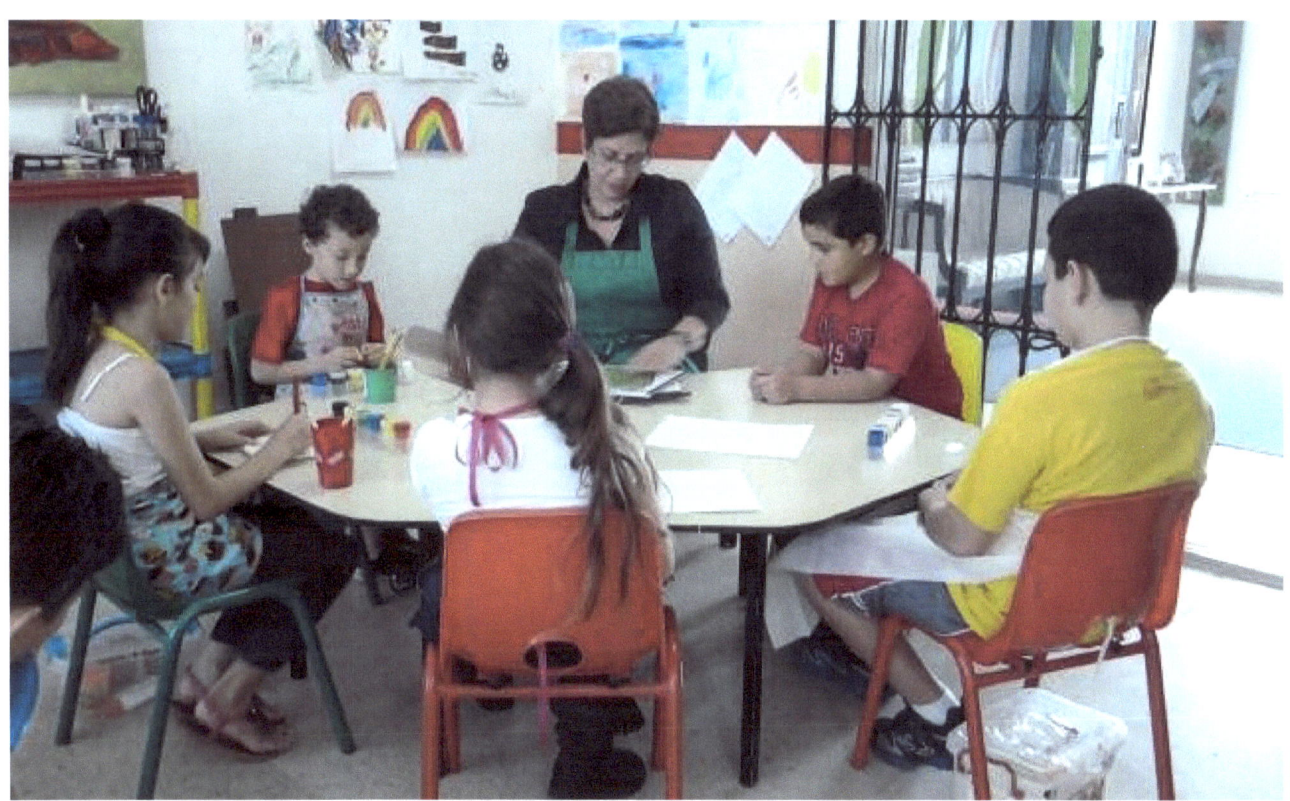

Taller de Pintura # 1

_ ¿Qué quieren hacer hoy?, pregunta Mrs. Marta.
_ Quiero pintar con tempera, responde Laura.
_ Muy bien, ya han practicado con crayones y debemos tratar con otros materiales. El trabajo de Laura quedó muy colorido, con tempera podrás mezclar muchos más colores.

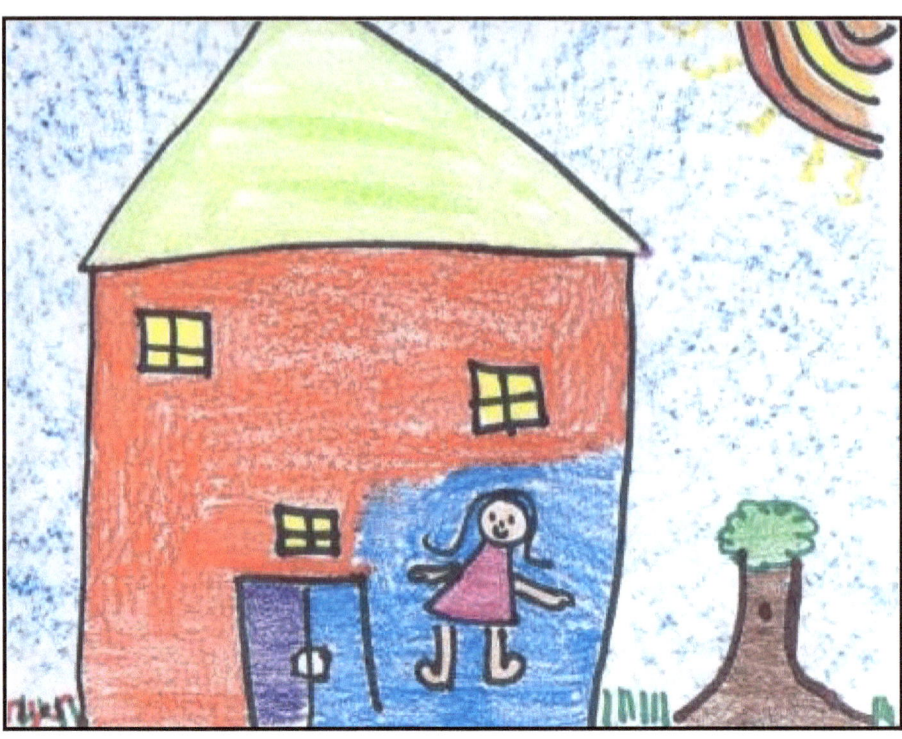

_ Yo también, quiero pintar mi casa... añade Miguel.

_ Quedará muy bonita, dice la maestra, recuerda trabajar sobre todo el papel.

_ Si, maestra, pintaré el cielo y los árboles después de dibujar la forma de la casa, asegura Miguel.

_ Me gustan mucho los colores de las cortinas que usó tu mamá en las ventanas y los tiestos de la entrada se ven hermosos llenos de flores amarillas, expresa emocionada Laura.

_ ¡Van a realizar un trabajo extraordinario!, dice Mrs. Marta.

Los niños comienzan a trabajar. Miguel utiliza diferentes colores en su trabajo. Cada vez que cambia de color, lava bien su pincel con agua y lo seca para no dejar residuos de pigmento que le

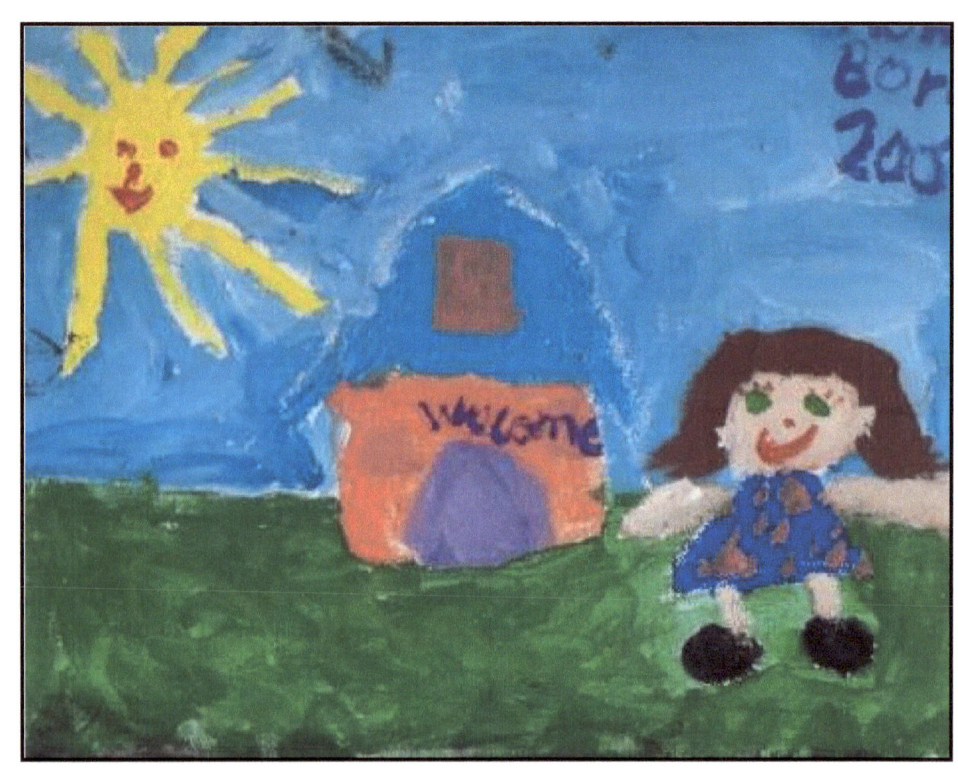

cambien el nuevo color. Laura mezcla con un poco de blanco el azul para conseguir el color del cielo. Miguel, pinta las hojas del árbol estampando con su pincel lleno de verde; hace una mezcla con un poco de negro para crear un color verde oscuro para las hojas que están en sombra.

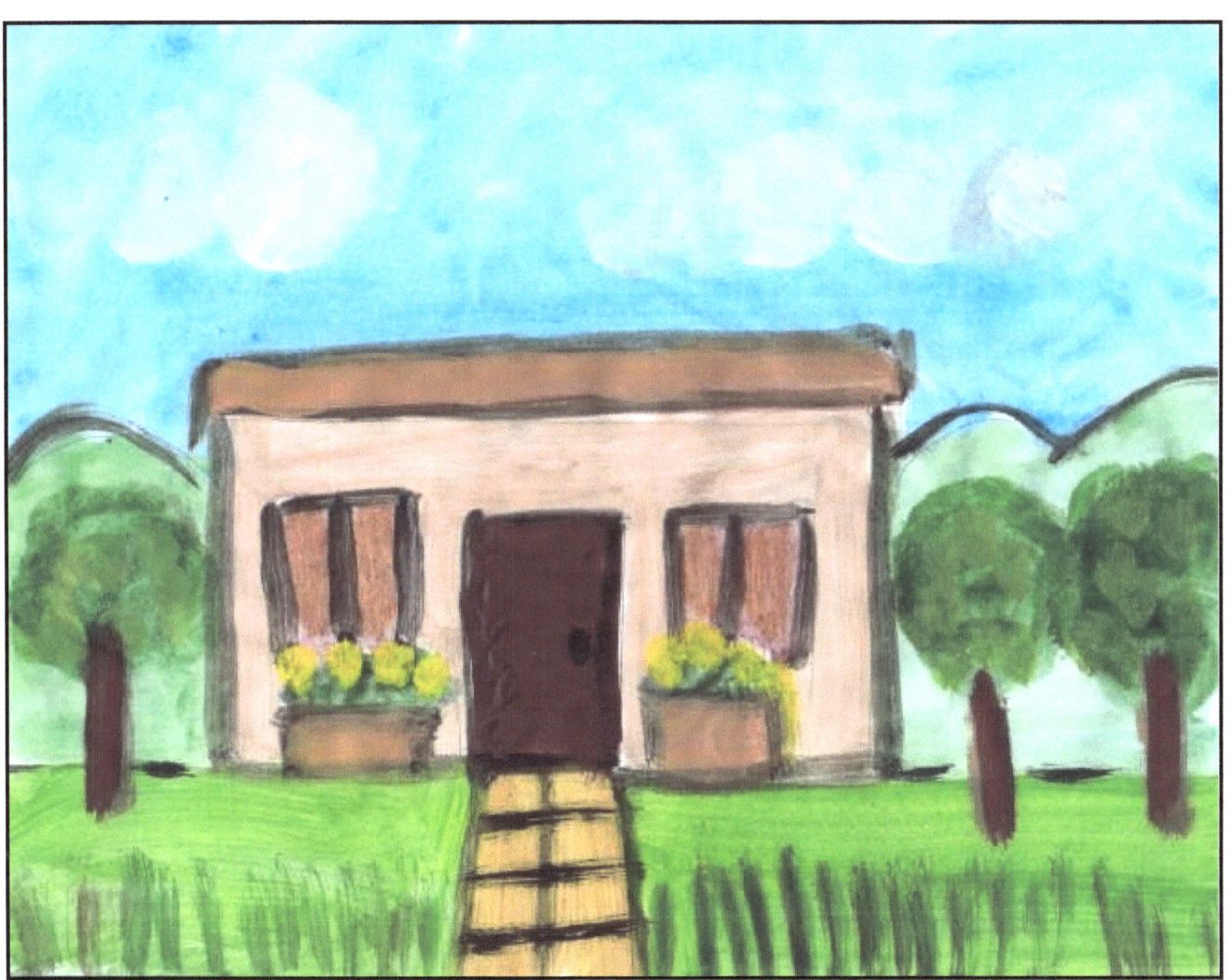

Actividad

Nuestra Casa – Pinta o dibuja con crayones, pastel o tempera como es tu casa. Recuerda como es la puerta de entrada y de qué color son sus paredes. Añade todo los detalles que hacen tu casa tan especial para ti.

Taller de Pintura # 2

Al siguiente día Miguel llegó tarde y se ha sentado al lado Laura para observar lo que está pintando.

_ ¡Que manchas tan extrañas haces!, comenta Miguel.
_ Espera un momento y verás lo que estoy haciendo con estas manchas.

Miguel observa con atención las manchas pero no tiene idea de lo que hace Laura, aunque le parece divertido.

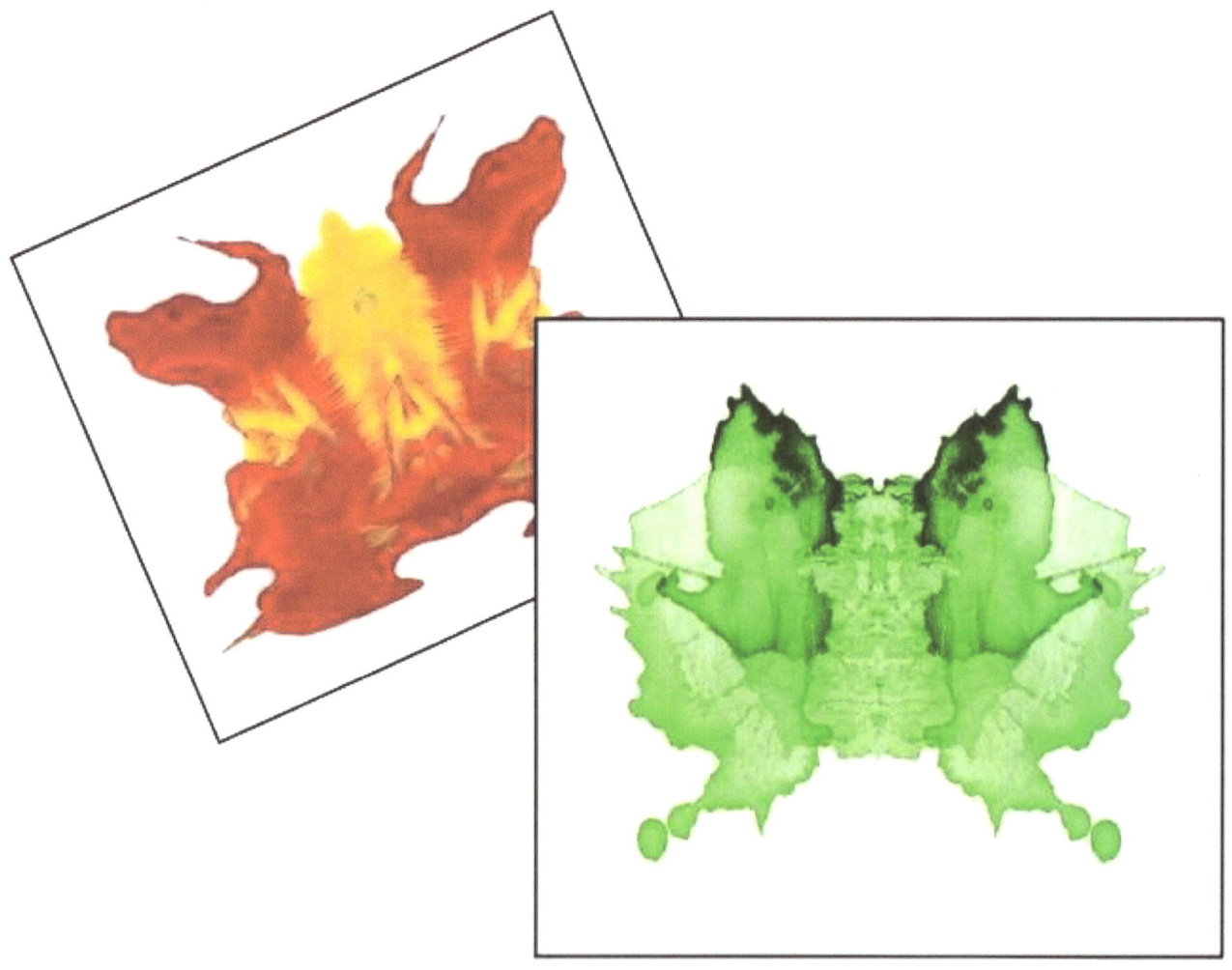

_ ¡Mira, ves!... son unas mariposas de diferentes colores, dice Laura.
_ ¡Se ven maravillosas!, responde Miguel. ¿Cómo lo has hecho?

Entonces Mrs. Marta mientras ve la sorpresa en el rostro de Miguel, lo llama para repetirle las instrucciones del trabajo de hoy.

_ Es muy sencillo lo que vas a hacer, dice la maestra, dejas caer en el papel varias manchas de pintura de diferentes colores. Puedes escoger entre usar dos colores primarios y otro secundario. Después doblas el papel a la mitad y aprieta bien sobre el papel plegado para que se corra la pintura hacia donde desees y luego ábrelo para que veas el resultado.

Miguel hace la prueba utilizando, rojo, amarillo y verde creando un hermoso cuadro que la maestra coloca junto a los demás trabajos de sus estudiantes en la pared de exhibición.

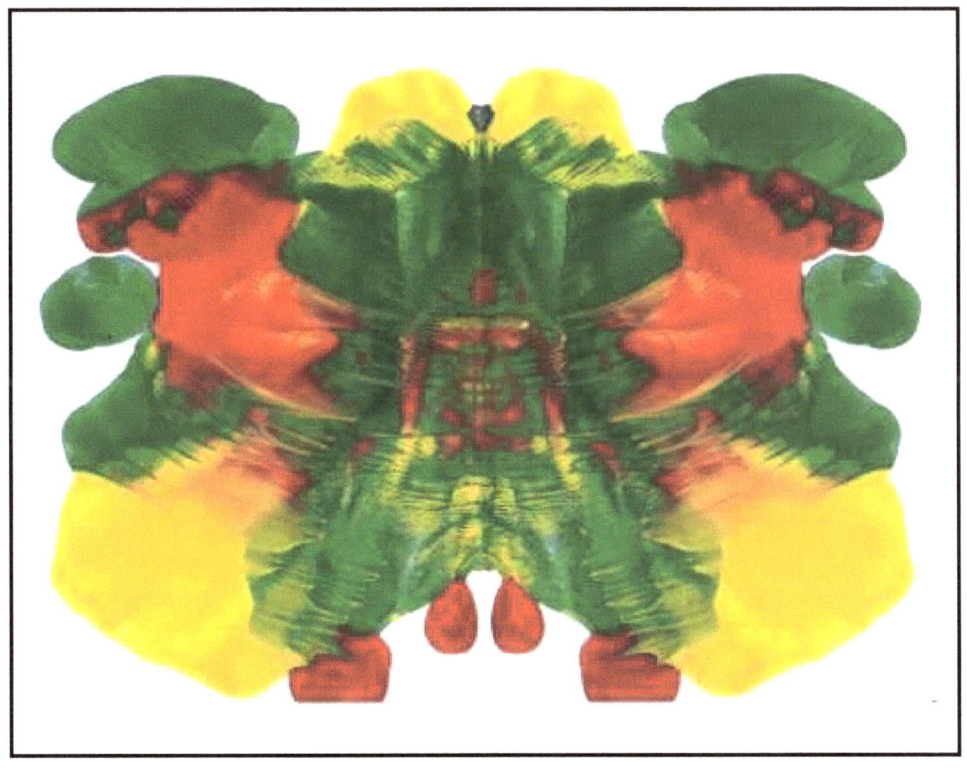

_ Estos grabados espontáneos se conocen como "clexografías" y son muy útiles para decorar o pintarles encima líneas para definir mejor sus formas o parecido, también es curioso que nunca puedas lograr dos iguales, informa la maestra a los chicos.

_ ¿Podemos hacer más con otros colores?, preguntan los niños.

_ ¡Si!, recuerden lo que ya saben de la mezcla de los colores para que anticipen los resultados. Diviértanse mucho y dejen su área de trabajo bien limpia, concluyó Mrs. Marta.

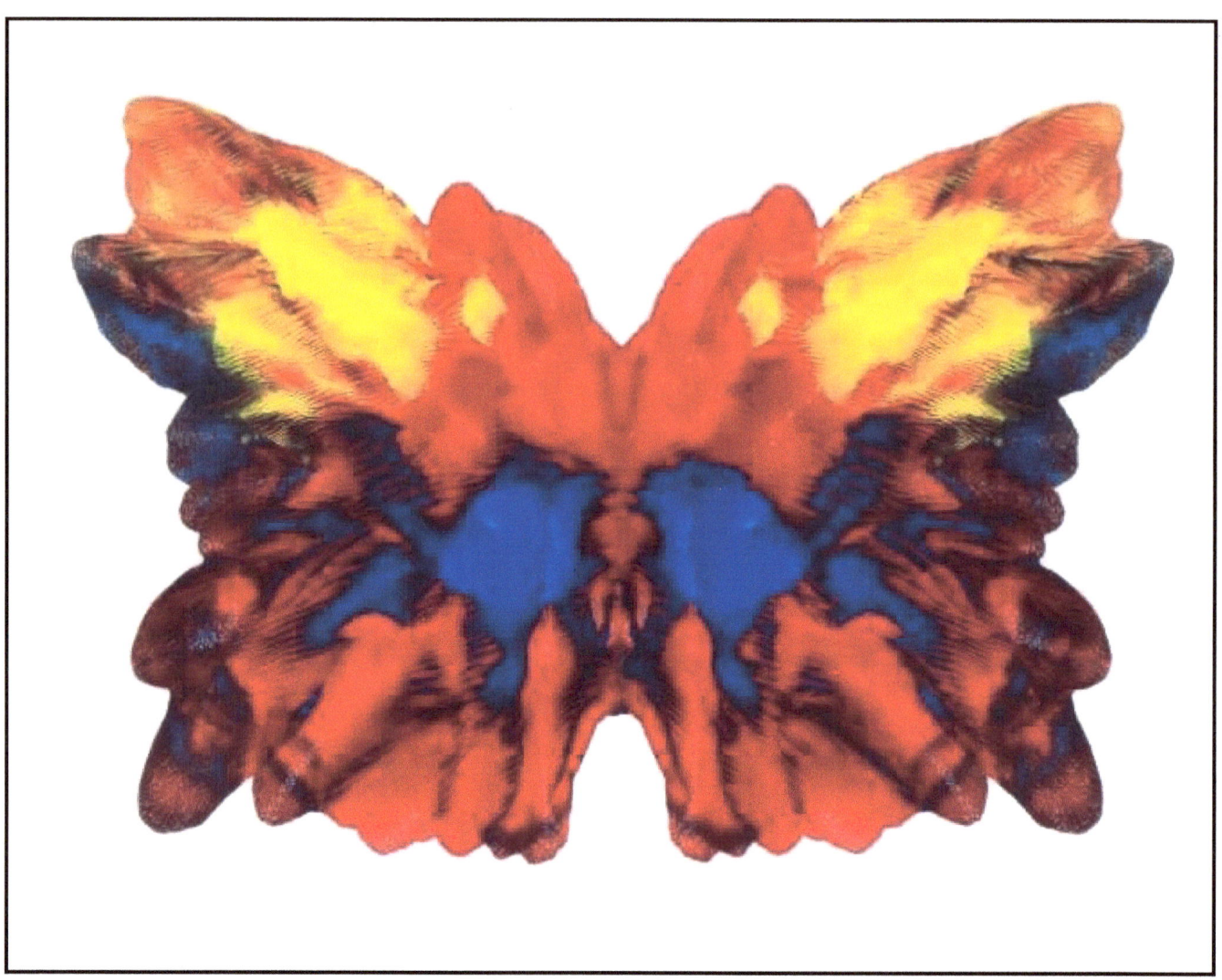

Actividad

Manchas y Mariposas – Deja caer gotas de pintura aguada de diferentes colores sobre un papel. Luego dobla el papel a la mitad para que se rieguen los colores. Abre o desdobla el papel y disfruta de tu creación. ¿Qué cosa parece?

Taller de Pintura # 3

Miguel observa a Laura que ha dejado caer tres gotas de los colores primarios en la parte de superior de su papel y que ella las mira sin hacer nada más.

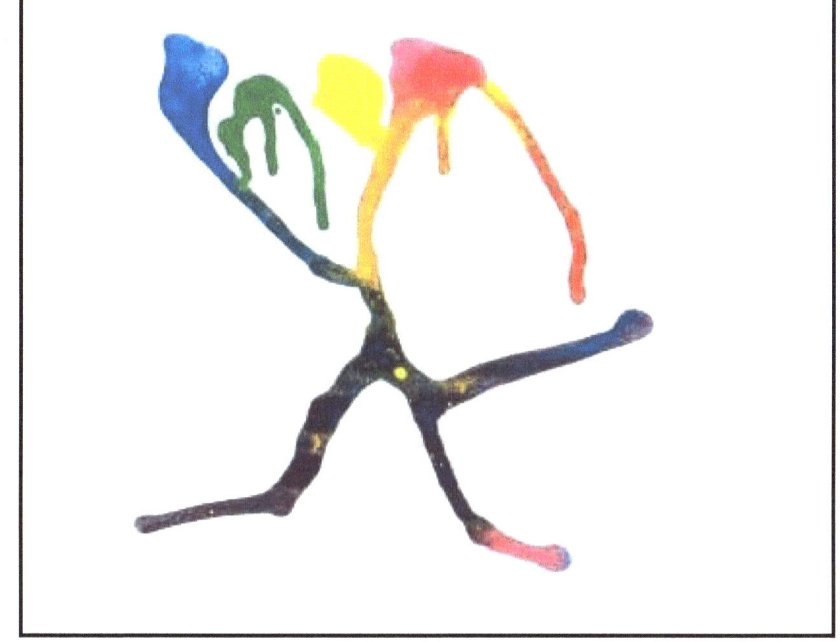

_ Déjame ver... dice Miguel intentándole quitar el papel.

_ ¡Dame!, grita Laura, mira lo que hiciste, soltando el papel.

_ ¡Grandioso, mira como resbala la pintura al levantar el papel parecen serpientes!, exclama el chico.

_ ¡Si!, añade Laura, levanta el papel de la derecha a ver que sucede.

Entonces Miguel comienza a levantar el papel en diferentes direcciones guiando el chorreado de las gotas que forman laberintos y se cruzan entre sí en algunos lugares encerrando espacios y creando curvas.

_ ¿Qué están haciendo tan emocionados?, pregunta Mrs. Marta a los niños.
_ ¡Mire maestra!, estamos dibujando sin tocar la pintura, dice Miguel.
_ ¿Cómo?, dice Mrs. Marta.
_ Yo tenía tres gotas en mi papel, una de color azul, de amarillo y otra de rojo cuando Miguel me lo quitó y lo levantó.
_ Entonces se resbaló la pintura, ¿no es fabuloso parecen serpientes?, dice Miguel.

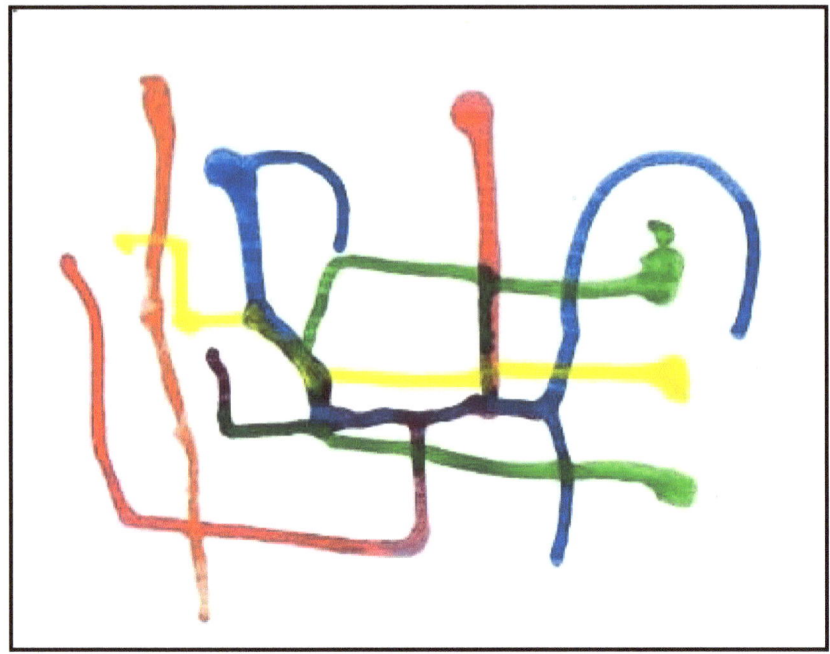

_ ¡Impresionante!, me alegra que hayan descubierto en el accidente las posibilidades de crear arte, comenta la maestra.

_ ¿Cuál accidente?, preguntan los niños.

Mrs. Marta explica a los niños que al forcejear por el papel que tenía Laura, descubrieron que al chorrearse la pintura se podían crear una variedad de líneas y que servirían para crear una obra si se controlan a voluntad.

_ Pueden crear laberintos o diseños si dejan caer una gota en cualquier lugar del papel y lo levantan para dirigirla inclinando el papel en cualquier dirección. Entonces lo dejan secar completamente antes de chorrear otra gota de otro color para que no se mezclen los colores. También pueden experimentar chorreando dos gotas de diferentes colores al mismo tiempo para que se mezclen los colores. Otra posibilidad es licuar un poco el color para que una chorree más rápido que la otra y marque líneas más finas. Escojan colores y muevan el papel como deseen tratando de controlar su diseño.

Actividad

Líneas y Laberintos – Deja caer sobre tu papel gotas aguadas de diferentes colores. Mueve o inclina el papel para guiar la dirección hacia donde quieres que chorree la pintura. Puedes dejar secar un color u luego añadir unas gotas de un color diferente y repite los movimientos hasta que estés satisfecho con tu trabajo.

Taller de Pintura # 4

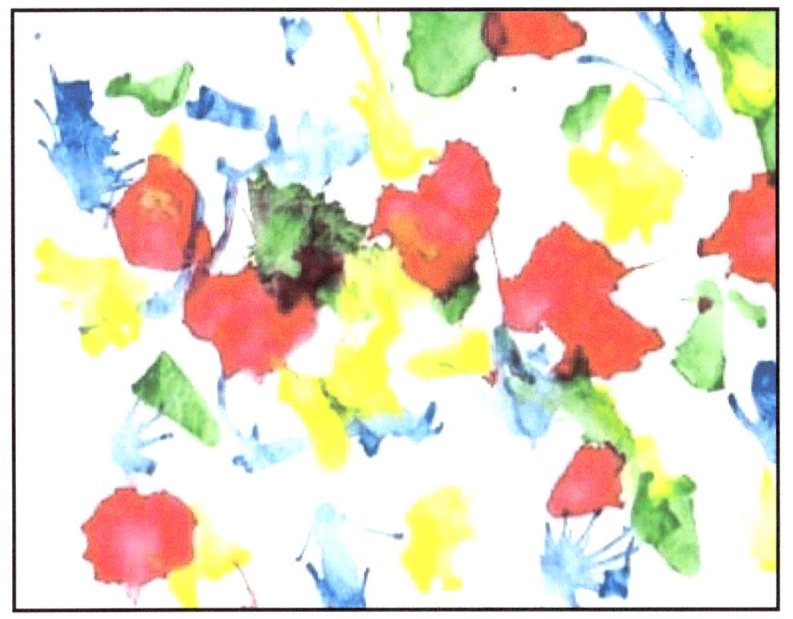

En otra clase Mrs. Marta enseña diversas técnicas de pintura a sus niños valiéndose del juego con las manchas y salpicaduras de pintura, lo que hace bien divertidas sus clases de arte. Los chicos, mientras ven todo como un juego, van conociendo diferentes artistas, teorías y estilos para expresar sus sentimientos e ideas. Aprovechando el interés mostrado por los niños en el trabajo anterior la maestra continúa su clase.

_ Ahora presten mucha atención, voy a mostrarles algo que podemos añadir a nuestros trabajos creados con las gotas de pintura, dice Mrs. Marta.
_ ¿Para qué son los sorbetos?, preguntó Laura.
_ Ya yo sé, para gotear pintura, dice Miguel.
_ Bien, vamos a gotear pintura y soplarla, observen bien, dice la maestra.

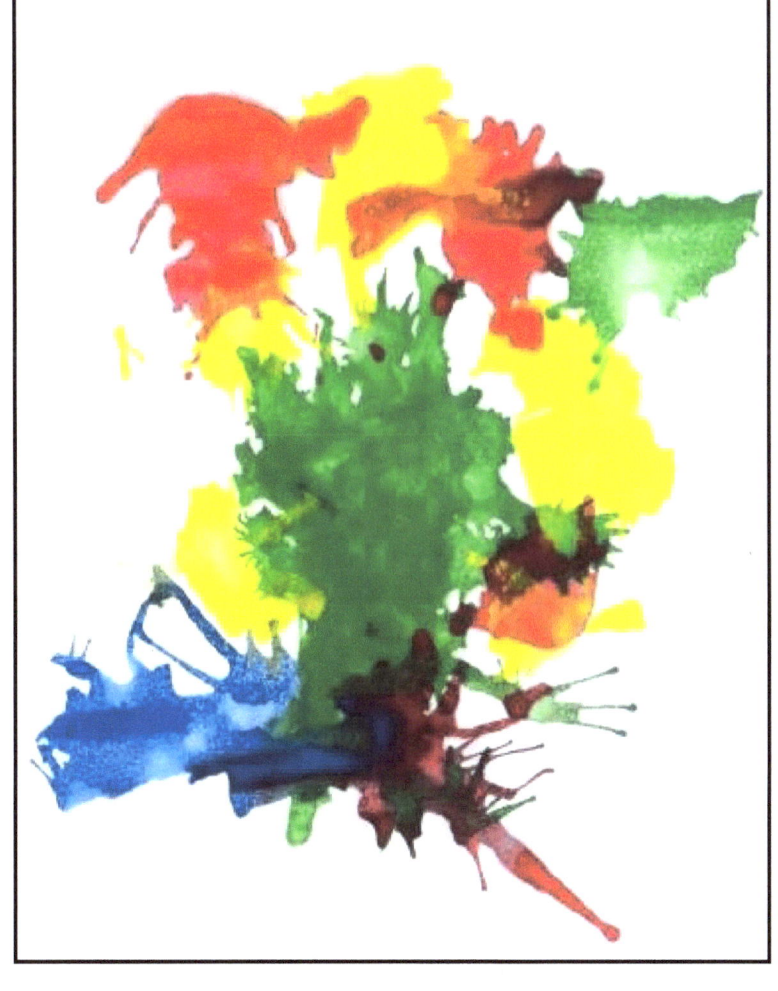

Mrs. Marta deja caer varias gotas de pintura de color verde y de un tono de color verde más oscuro en la parte inferior del papel. Primero deja caer una gota verde a la izquierda y la sigue con dos gotas de verde oscuro y repite otra verde creando un patrón. Después levanta un poco el papel por la base y deja que resbalen las líneas hacia arriba como si fuera plantas que están germinando. Baja entonces el papel y comienza a soplar las líneas trazadas con mucha fuerza mientras se crean pequeñas líneas que parecen hojas. Los niños están emocionados con el trabajo.

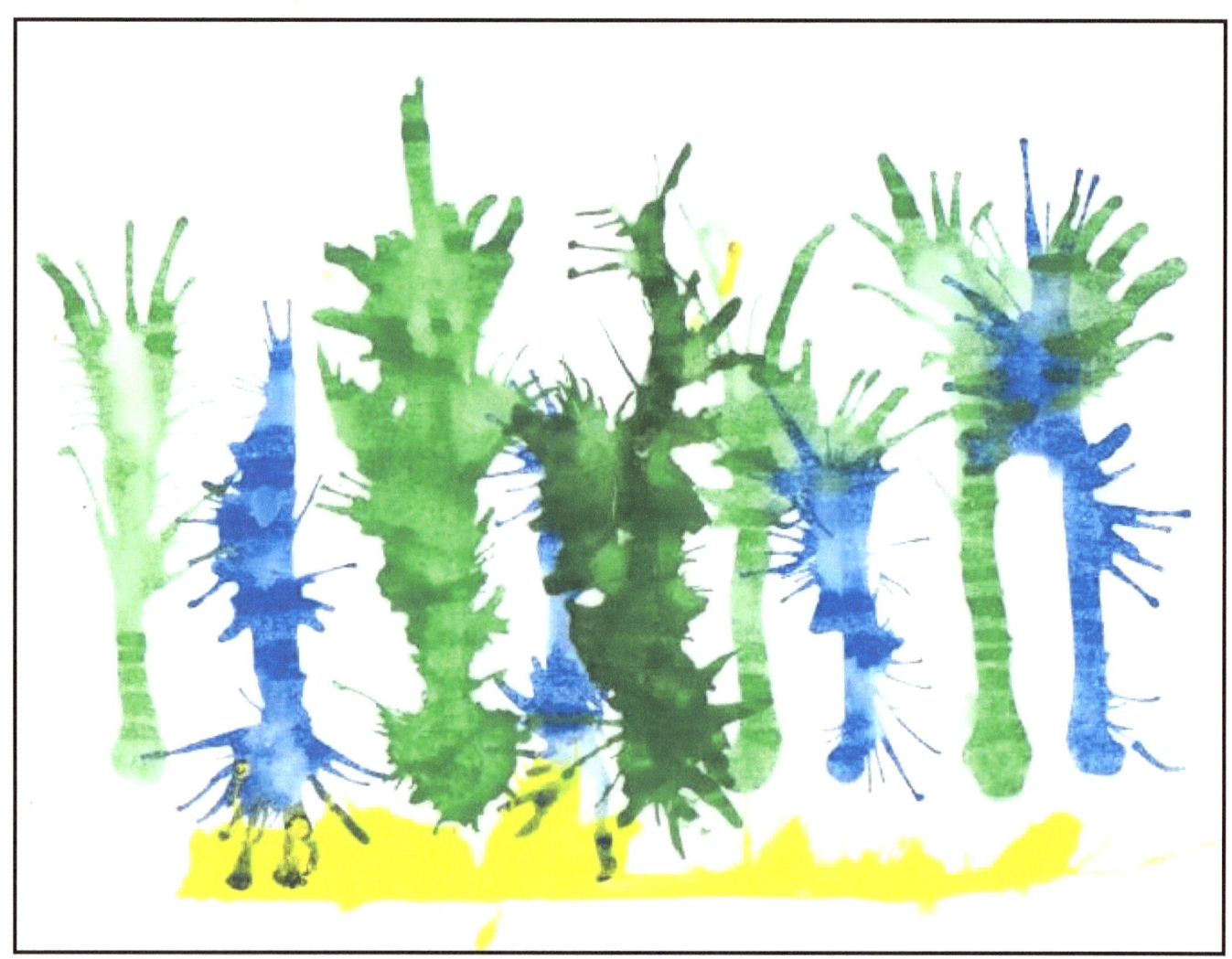

_ ¡Que dibujo más hermoso!, exclama Laura.
_ Parece un bosque con tantas tonalidades del color verde, comenta Miguel.
_ No puedo más, ya no tengo aire en mis pulmones, usaré uno de los sorbetos para terminar esta línea y lo dejaré secar, dice Mrs. Marta.

_ ¿Podemos empezar? Yo quiero hacer un jardín exótico con flores de muchos colores, dice Laura.

_ Muy buena idea, recuerda cubrir de periódico tu mesa para protegerla, le instruye la maestra.

_ Mrs. Marta, yo tengo la idea de crear como fuegos artificiales de colores iluminados soplando con el sorbeto las gotas sin que se resbalen en el papel, dice Miguel. Y ¿puedo usar un papel de construcción negro?, pregunta de corrido.

_ Si, esa es una muy interesante idea, como la del jardín de Laura, sé que les quedará muy bonito, pónganse su delantal y a trabajar, instruye la maestra a los chicos.

El juego es estupendo y los niños siguen soplando sobre las gotas de pintura divirtiéndose. Los colores del trabajo de Laura son bien brillantes y puros mientras Miguel aclara sus colores mezclándolos con blanco para que se noten mejor sobre el fondo negro de su papel. Miguel se pone bien rojo, se le corta la respiración y toma aire para poder continuar, Laura usa un sorbeto para realizar su trabajo con más precisión. La maestra está muy complacida con los resultados de las pinturas de sus pequeños artistas.

Actividad

Flores y Fuegos Artificiales – Deja caer gotas de pintura aguada de diferentes colores sobre tu papel. Luego sopla las gotas con tu boca o usando un sorbeto. Dirige en diversas direcciones los chorreados para crear algún diseño interesante. Como en el proyecto anterior puedes dejar secar tu trabajo y luego añadir otros colores a tu gusto.

Taller de Pintura # 5

Este día Laura olvidó sus pinceles en su casa y pregunta a Miguel si puede prestarle alguno de los suyos. Miguel descubre que había olvidado limpiar los suyos el día antes y estaban endurecidos con la pintura.

_ ¿Cómo podemos pintar ahora sin pinceles?, pregunta Laura.

_ Podemos pintar con los dedos y las manos, propone Miguel mientras humedece su dedo en el envase con agua y luego en una gota de pintura. ¿Ves?, dice, puedo dibujar líneas y estampar manchas.

_ Pueden usar un dedo diferente para cada color y también la palma de sus manos, dice Mrs. Marta.

_ ¡Es una forma nueva y divertida para pintar, quiero pintar una flor!, exclama con alegría Laura.

_ Recuerden limpiar bien sus dedos y sus manos cuando usen otro color, añadió la maestra.

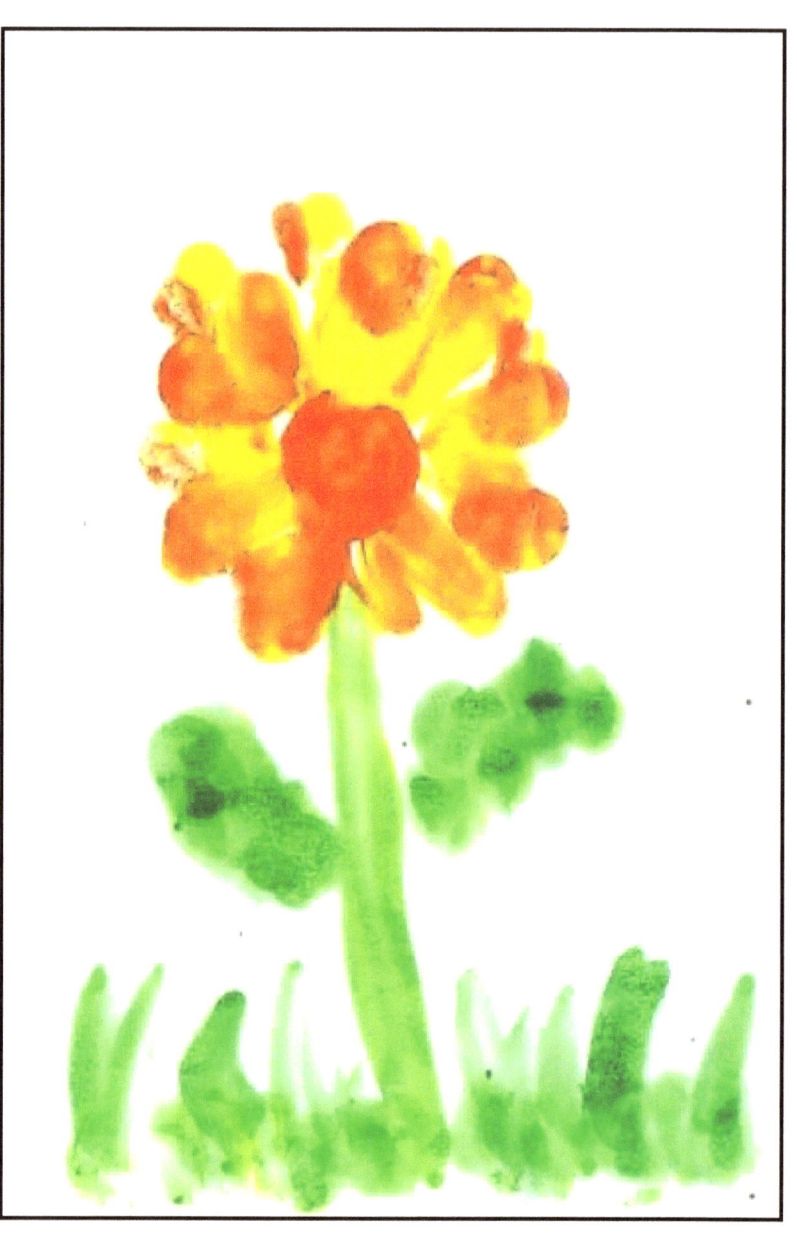

Los niños están pintando e inventan otro juego. Miguel pone pintura anaranjada sobre toda la superficie de su mano izquierda y le pide a Laura que haga lo mismo con pintura amarilla.

_ ¿Qué quieres hacer con tu mano sobre el papel?, pregunta Laura.
_ Voy a imprimir mi mano girando el papel para crear un circulo y después tu haces lo mismo con tu mano, dice Miguel.

Laura hace la prueba sobre las impresiones anaranjadas con amarillo y queda sorprendida con el resultado.

_ ¡Maestra, mire que hermoso sol acabamos de hacer y sin los pinceles!, exclama Laura.
_ Estupendo trabajo con sus manos, hay muchas formas de aplicar los colores, pero ahora limpien bien sus dedos y sus manos, les instruye Mrs. Marta.

Laura humedece sus manos y se seca con un paño como lo haría un gran pintor. Miguel introduce una punta del trapo en el tazón con agua y luego toma un poco de pintura negra y dibuja la silueta de un ave sobre el sol.

_ Mira Laura, también se puede pintar con un paño, dice Miguel.
_ Es maravilloso y es más divertido usando sólo los dedos, ¿Miguel, qué vas a pintar ahora?, pregunta Laura.
_ No tengo idea, tal vez un dinosaurio o a mi perrita, responde Miguel.
_ ¡Sí, pinta a Lunna!, es una perrita muy hermosa y juguetona, le dice Laura.
_ Puedo tratar, pero no sé si me quede bien, pero lo voy a intentar, comenta Miguel.

La maestra alienta a Miguel a pintar su perrita usando su memoria.

_ Miguel, cuando tengas duda sólo piensa y trata de recordar como es tu perrita, debe ser fácil, ¿tu la quieres mucho, verdad?, le dice la maestra.

_ Anímate Miguel, yo te ayudo con los colores, ¡vamos!, exclamó Laura.

Entonces Miguel y Laura trabajaron como un equipo apoyándose uno al otro hasta completar la pintura. Laura ayudaba a cambiar el agua y con los colores mientras Miguel estampaba y dibujaba con sus dedos a Lunna. Estaban muy contentos con el resultado final y la maestra los felicitó.

_ Quiero conocer a Lunna, me gustan mucho las mascotas.

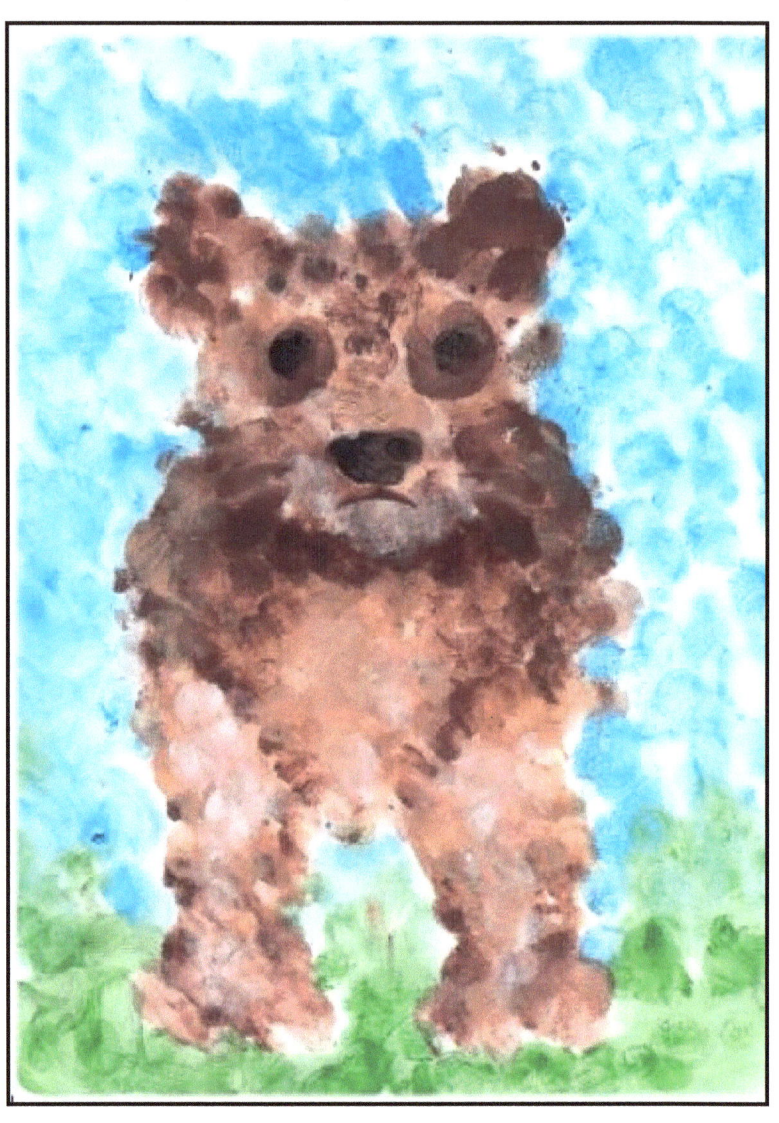

Actividad

Dedos y Manos – Crea tu propia pintura dactilar usando tus dedos como pincel. Humedece tu dedo en el color que desees y estámpalo presionándolo sobre el papel, es muy divertido. Puedes tomar dos colores a un mismo tiempo y estampar sobre otro color. Usa todos tus dedos con diferentes colores.

Taller de Pintura # 6

　　Mrs. Marta observa el reguero de pintura causado por los niños con sus manos y les pide que cambien el papel de periódico de las mesas para hacer un nuevo trabajo usando los pinceles para estampar los colores como hicieran con los dedos.

_ Miguel, eres verdaderamente descuidado, dice Laura.
_ Y tú olvidadiza, dejaste tus pinceles, responde Miguel.
_ Si pero están limpios, no como los tuyos, ja, ja, ja, contesta Laura.
_ ¡Vamos niños!, ¿por qué están discutiendo?, pregunta la maestra.
_ Miguel dejo sin limpiar sus pinceles y están llenos de pintura seca, responde Laura.
_ Hay que tener mucho cuidado con los pinceles, inmediatamente después de usarlos hay que limpiarlos con mucha agua, secarlos y colocarlos en un tazón con los pelos hacia arriba para que no se estropeen.
_ Con el apuro lo olvide Mrs. Marta, se excusa Miguel.

　　La maestra pide que se acerquen y les muestra como pueden estampar usando los pinceles. Miguel y Laura observan con mucha atención como la maestra utiliza los pelos del pincel para imprimir pequeños toques de color y crear un girasol.

_ Cuando sea mayor como usted también podré pintar una bella flor de girasol, dice Laura.
_ Pueden intentarlo ahora, ya vieron como lo hice y pueden usarla de modelo, les comenta Mrs. Marta.

　　Laura experimenta con las pinceladas y Miguel pide permiso a la maestra para intentar pintar otra cosa.

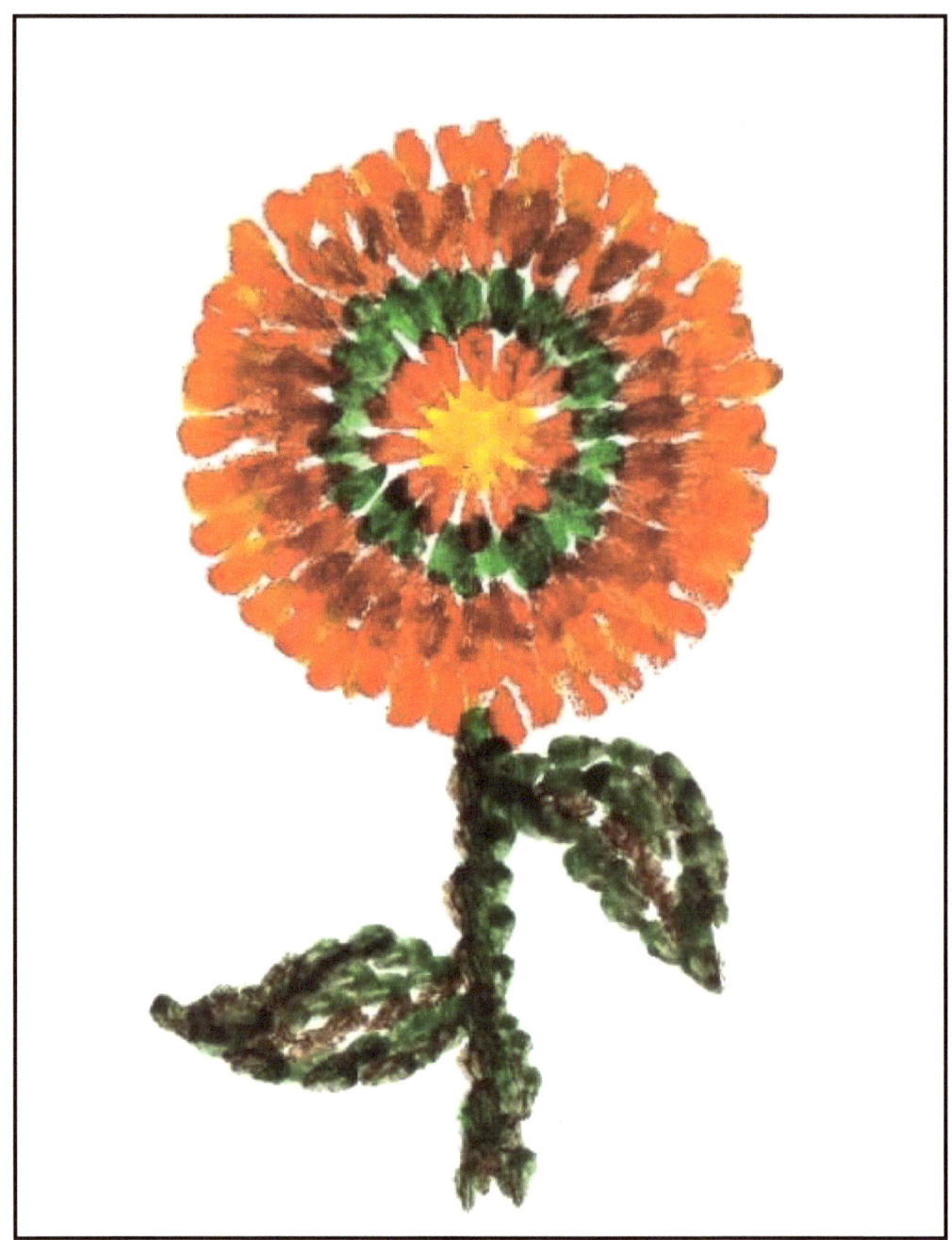

Actividad

Soles y Girasoles – Al igual que hiciste con tus dedos en el proyecto anterior puedes usar un pincel redondo dando pinceladas estampadas. Utiliza el pincel acostando y crea tu diseño. Puedes al igual que en los proyectos anteriores experimentar con varios colores a la vez.

Taller de Pintura # 7

Un día Laura llegó al salón muy molesta porque no encontró sus pinceles finos, está dispuesta a trabajar pero sólo trajo dos pinceles gruesos y una brocha.

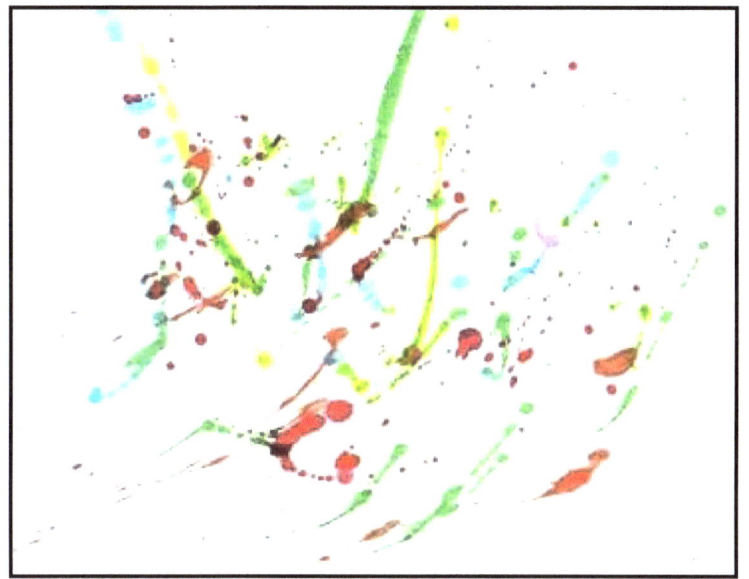

_ ¿Maestra que puedo hacer hoy, sólo encontré estos pinceles gruesos?, preguntó Laura.

_ No te preocupes, podemos trabajar con salpicaduras de diferentes colores sobre el papel y si lo haces bien podrás conseguir un hermoso cuadro, dijo Mrs. Marta.

Laura encuentra que es muy divertido el hacer salpicaduras sobre el papel y pinta primero un paisaje con colores claros de verde y azul y pinta una mancha amarilla representando el sol, luego mezcla varios colores aguados y los salpica logrando un resultado muy curioso. Miguel se anima al ver lo divertido de esta técnica y toma un pedazo de papel de periódico y recorta cuidadosamente la forma de un pez. Laura lo coloca sobre un nuevo papel de dibujo y salpica alrededor del patrón del pez con pintura azul, entonces Miguel salpica al mismo tiempo pintura color azul verdosa. Ya en este

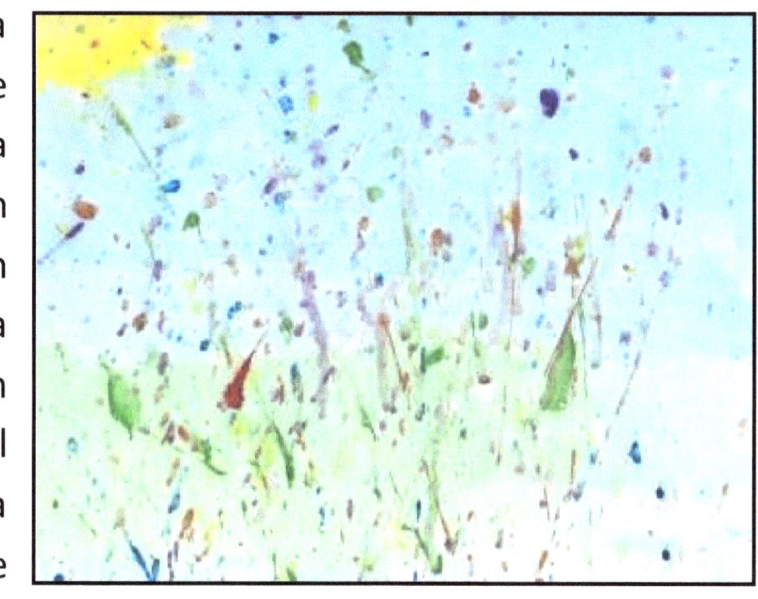

divertido juego Miguel remueve el patrón del pez que quedó en blanco.

_ No quiero el pez blanco, me gustaría rojo y anaranjado como los de mi pecera, dice Laura.

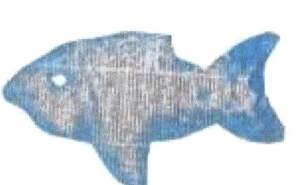 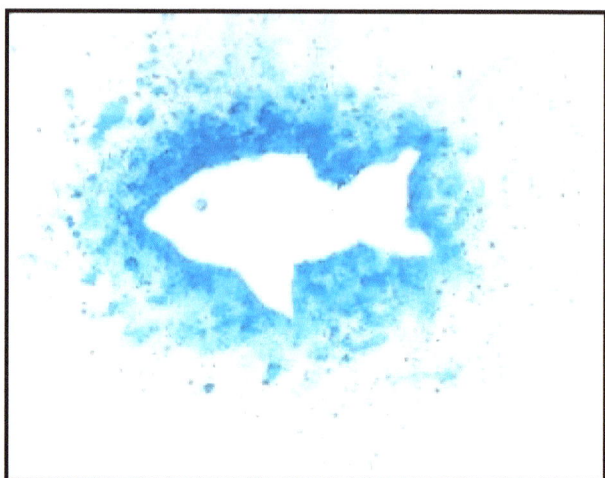

Entonces Mrs. Marta toma el pedazo de papel de periódico de donde Miguel recorto el pez y lo coloca sobre el trabajo tapando las salpicaduras de azul.

_ Ahora pueden salpicar de rojo y de naranja, pues el periódico con la forma negativa del pez servirá de escudo para no salpicar sobre el área en azul, instruyó la maestra a los chicos.

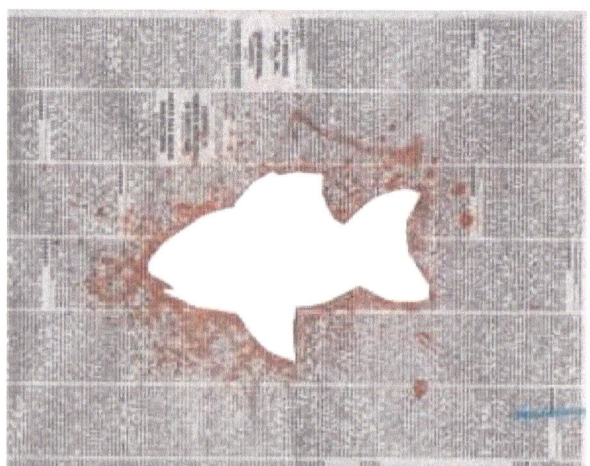 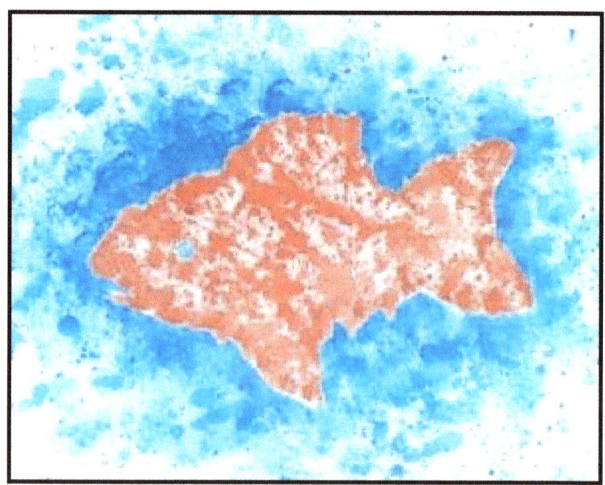

_ Yo creo que se pueden conseguir verdaderos cuadros con esta técnica, dice Miguel.

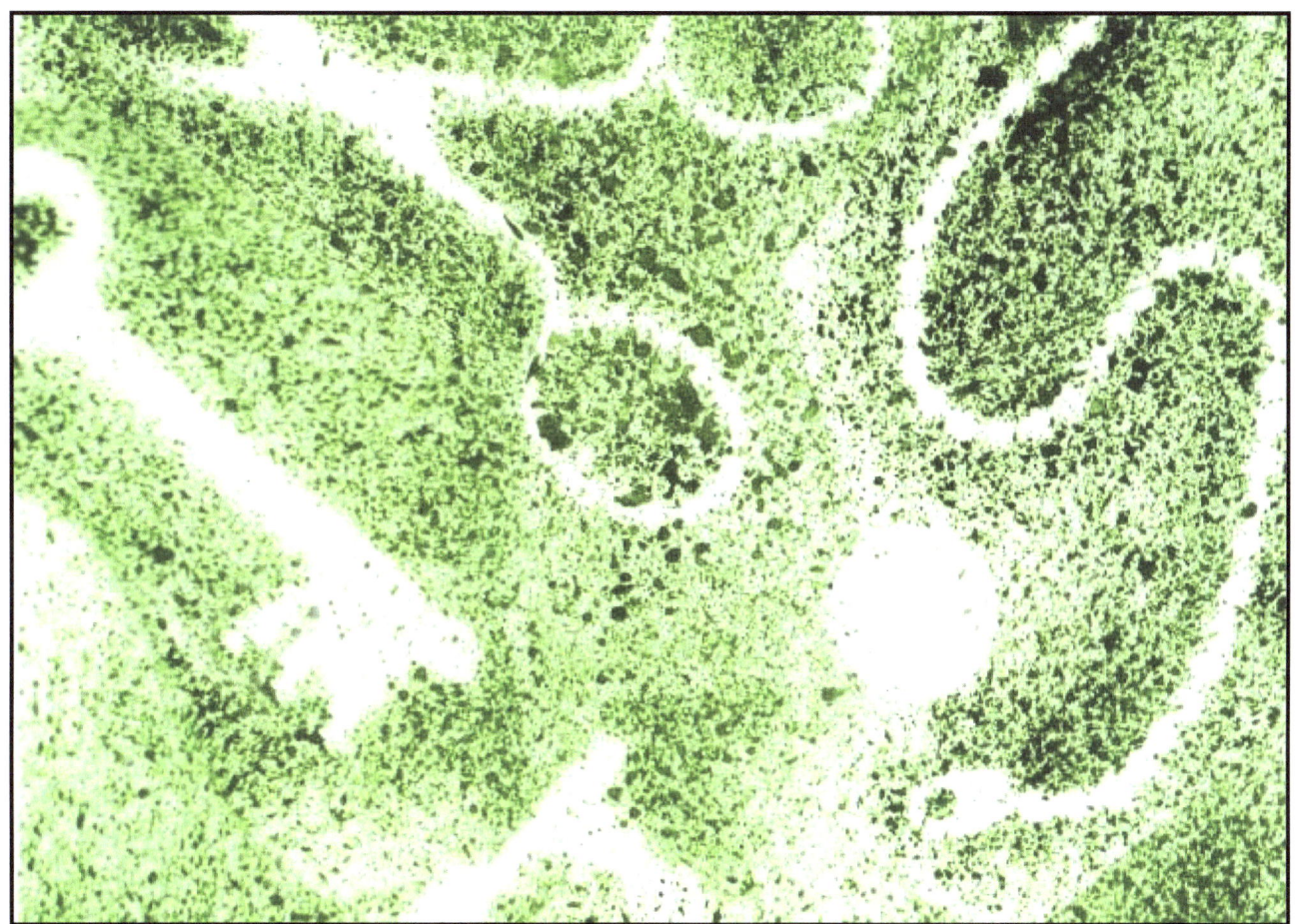

Bloqueando con diferentes formas y objetos sobre una hoja de papel y salpicando o vaporizando pintura encima podemos lograr hermosos diseños, además, después de seco pueden mover los objetos y vaporizar otros colores en una segunda capa, enriqueciendo con más colores y formas sus cuadro, explica detalladamente Mrs. Marta.

_ Yo quiero hacer un cuadro colocando objetos de diferentes formas, puedo usar mis tijeras y otras cosas, dice Miguel.
_ Yo quiero hacer un jardín recortando muchas mariposas de periódico y salpicarlas con diferentes colores, añade Laura.

Los niños cubren la mesa con papel de periódico y se concentran en realizar diferentes patrones y buscan los objetos que servirán de escudos para sus nuevos cuadros.

_ ¡Esta técnica si es divertida!, exclama Miguel.
_ Cuiden de no manchar su ropa, les recuerda Mrs. Marta.
_ Sí maestra, responden a coro Laura y Miguel.
_ ¿Qué vas a trabajar?, pregunta Laura.
_ Creo que hare las iniciales de mi nombre, respondió Miguel.
_ Yo voy a dibujar una estrella, añadió Laura. ¡Eso muchas estrellas!

Mientras los chicos trabajan y experimentan con diferentes materiales y formas ella está pendiente de que no suceda ningún accidente y de que mantenga en orden sus áreas de trabajo.

Actividad

Siluetas y Formas – Esta técnica se conoce como aerografía y se logra salpicado y vaporizado pintura a través de un escudo o plantillas. El escudo protege que no pase la pintura, solo permite que atraviese por los huecos que cortaste. Usa una tijera y pide ayuda a un adulto para evitar accidentes. Puedes combinar diferentes plantillas y colores.

Taller de Pintura # 8

Al día siguiente antes de que los niños llegaran al taller, Mrs. Marta toma una hoja de papel de dibujo y dibuja utilizando la cera de una vela blanca, un cielo lleno de estrellas. Como la cera es transparente no se ve nada sobre el papel. Dibuja también una mariposa en otro papel con la misma técnica. Cuando todos los niños llegan comienza la clase.

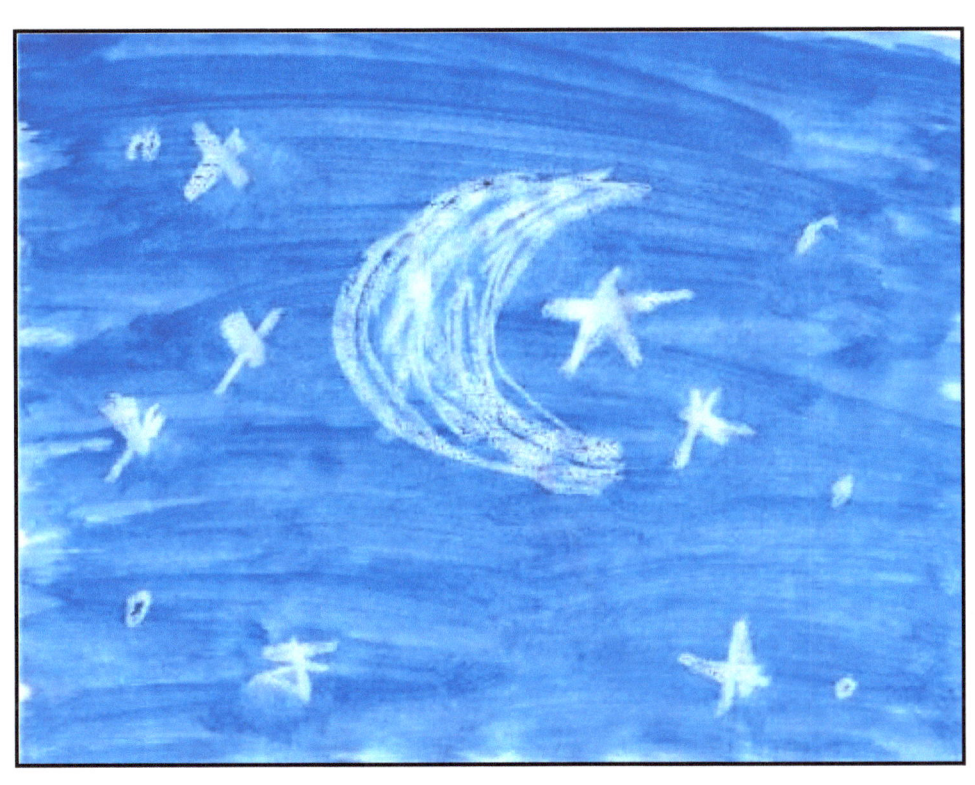

_Hoy haremos que por arte de magia aparezcan nuestros cuadros, dice la maestra.

Los niños se miran unos a los otros asombrados. Mrs. Marta pasa sobre uno de los papeles con un pincel grueso una capa muy fina de pintura azul oscuro la cual hace resaltar la luna y las estrellas que previamente había dibujado con cera. Laura queda maravillada con este procedimiento misterioso.

_ ¿Puede hacer que aparezca otra cosa?, pregunta Laura.
_ Naturalmente que puedo, responde Mrs. Marta.

La maestra toma la otra hoja de papel y "Abracadabra", cubre el papel con una ligera capa de pintura anaranjada y como por arte de magia reaparece la mariposa que había dibujado. Los niños quedan nuevamente sorprendidos con la técnica.

_ ¿Cómo se hace maestra?, díganos, pregunta Miguel.

Entonces la maestra explica con gran entusiasmo a los niños la sorprendente técnica.

_ Este sistema se llama "batik" y se logra dibujando primero con cera de una vela y luego cubriendo con pintura ligera el papel, donde hay cera la pintura no llega al papel porque queda aislada y luce del color bajo de la cera. Esta técnica se puede trabajar con varios colores. Primero dibujaré el primer motivo con la cera y cubriré con pintura ligera de un tono suave. Entonces después se dibuja un segundo motivo con la cera encima de la capa de pintura ya seca y se pasa una segunda capa de pintura de otro color. Se repite nuevamente la operación; una capa de cera y una tercera capa de pintura de un color más intenso hasta lograr el diseño deseado. Finalmente se debe dejar secar por bastante tiempo.

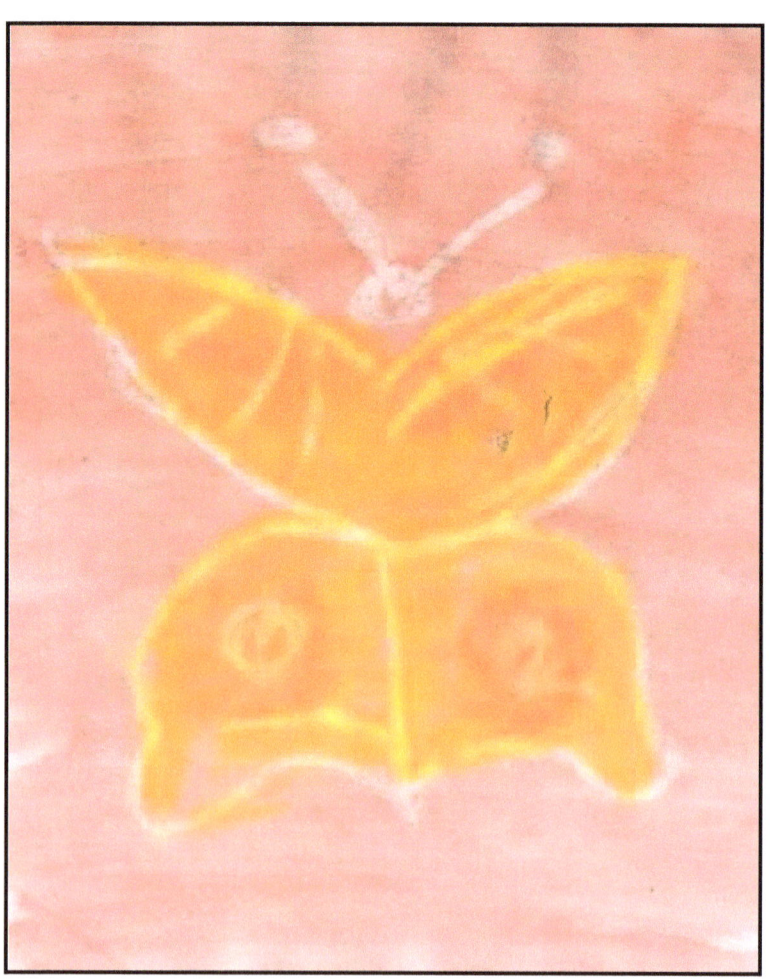

_ Tengo una gran idea, creo que se puede lograr utilizando crayones de cera, voy a dibujar un castillo y luego le paso pintura azul aguada, dice Laura.

_ Vamos a intentarlo inmediatamente, creo que tu idea es genial y que se puede ver mucho mejor lo que se dibuja, te ayudare, añade Miguel.

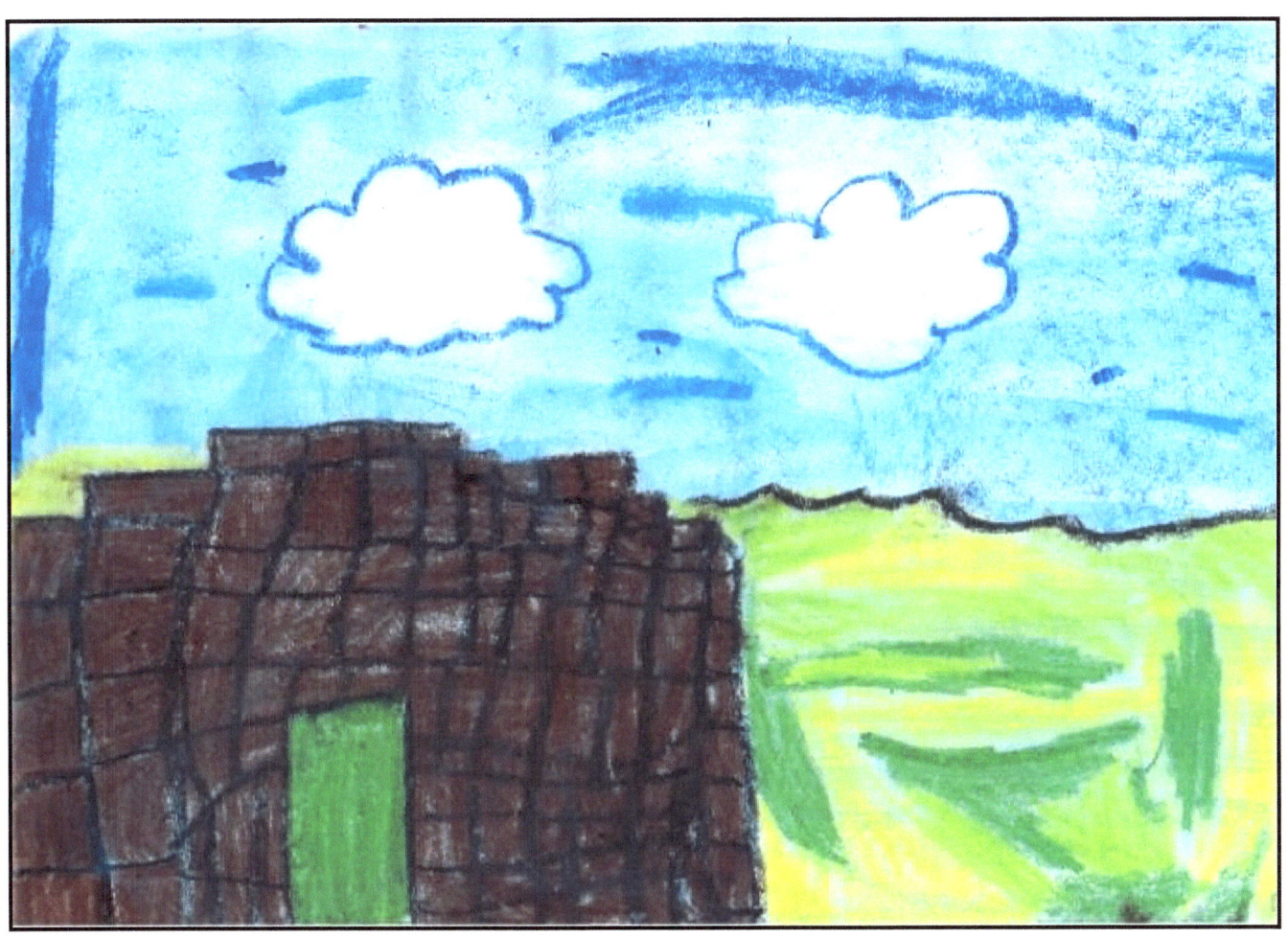

Actividad

Mariposas, Paisajes y Estrellas – Con crayón, cera, velas y tempera puedes crear extraordinarias obras de arte con la técnica de *"batik"*. Piensa bien en una escena apropiada para esta técnica con la que desees sorprender a tus compañeros. Puedes dibujar aves, estrellas nubes, soles, luna y otros patrones que surgirán como magia cuando apliques el color de la tempera, acuarela o acrílico sobre los trazos del crayón.

Taller de Pintura # 9

Un día Mrs. Marta coloca en una mesa frente a los niños unas manzanas, unos tomates, unas acerolas y les pregunta:

_ ¿De qué colores son estas frutas?
_ Todas son rojas, responde Laura.
_ Pueden dibujarlas y pintarlas, dice la maestra.
_ Pero todos estos rojos no son iguales y solo tengo dos pinturas rojas en mi caja de materiales, añade Miguel.
_ Les voy revelar un secreto, con sus dos rojos pueden mezclar distintos rojos como deseen. Para obtener diferentes matices de rojo mezclaremos el rojo con otros colores: rojo y amarillo; rojo y ocre; rojo y blanco; rojo y verde; rojo y azul y rojo y negro, dice Mrs. Marta. Lo mismo se puede hacer con otros colores.
_ ¡Que maravilla! Nunca pensé que se pudiera obtener tantas variedades de un mismo color, dice Laura emocionada.
_ ¡Mira mis mezclas de anaranjados, vamos a pintar, le dice Miguel.

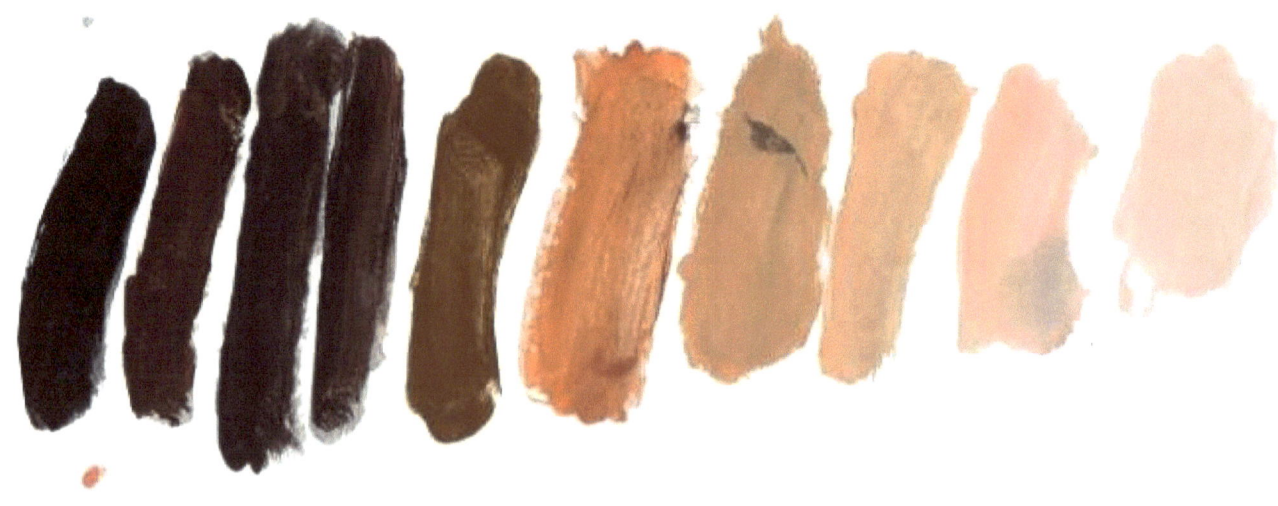

Los niños mezclaron muchos matices de rojo y crearon sus propios cuadros. Laura encontró que la mezcla de colores era muy divertida y sugirió que mezclaran distintos verdes.

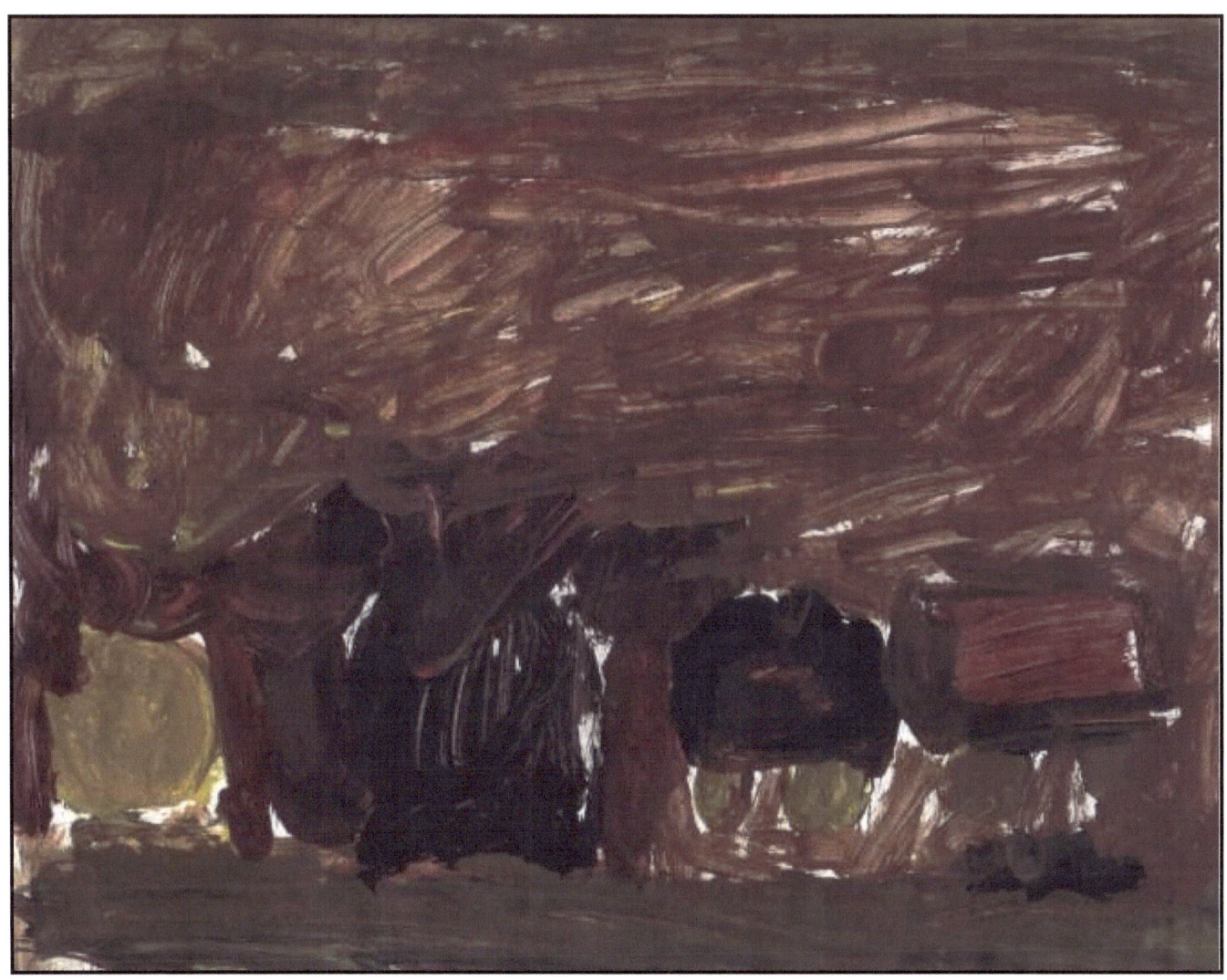

Luego hicieron pruebas con otros colores como los azules y con los amarillos. Fue tal el entusiasmo que dibujaron y pintaron muchos cuadros. Laura creo un paisaje marino con los diferentes matices de azules que mezcló y Miguel utilizo los anaranjados y marrones para pintar un gran bosque.

La maestra maravillada con los trabajos de los niños aprovechó para informarles sobre algunas otras cualidades de los colores como las temperaturas de los colores.

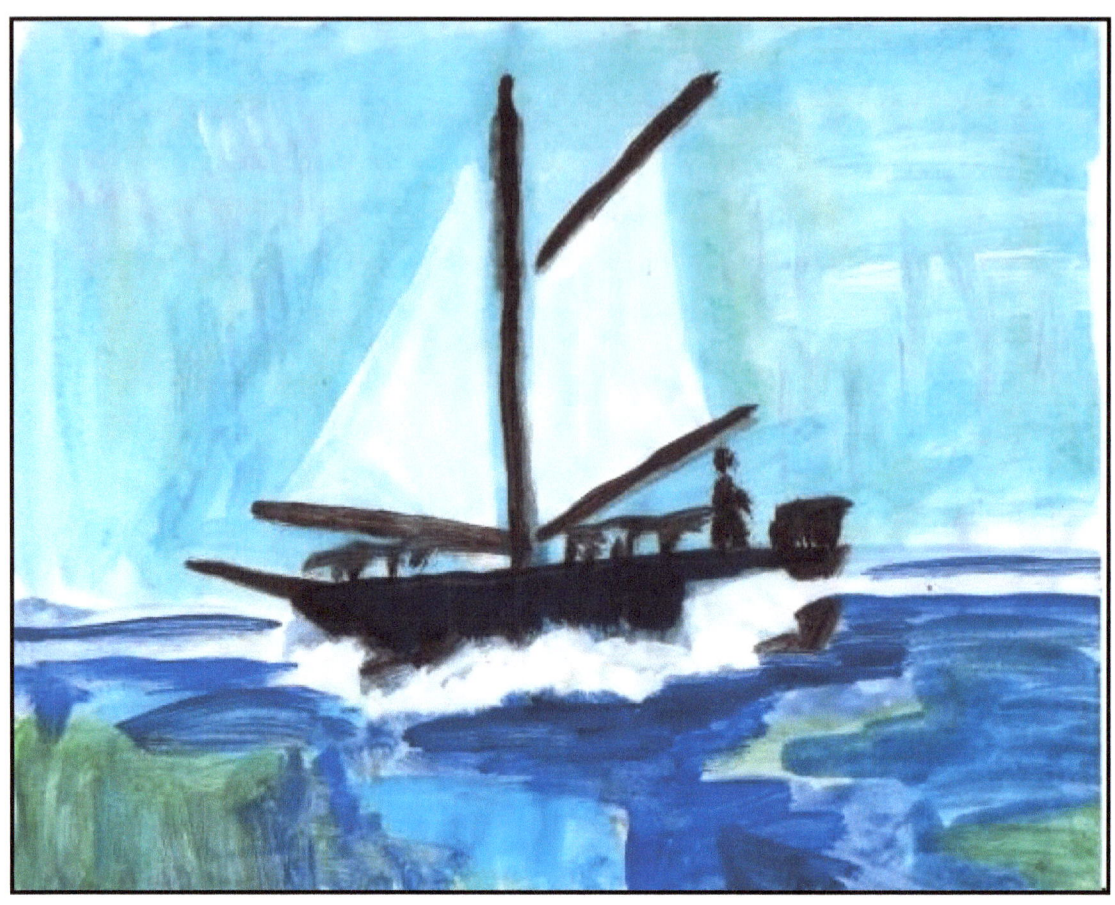
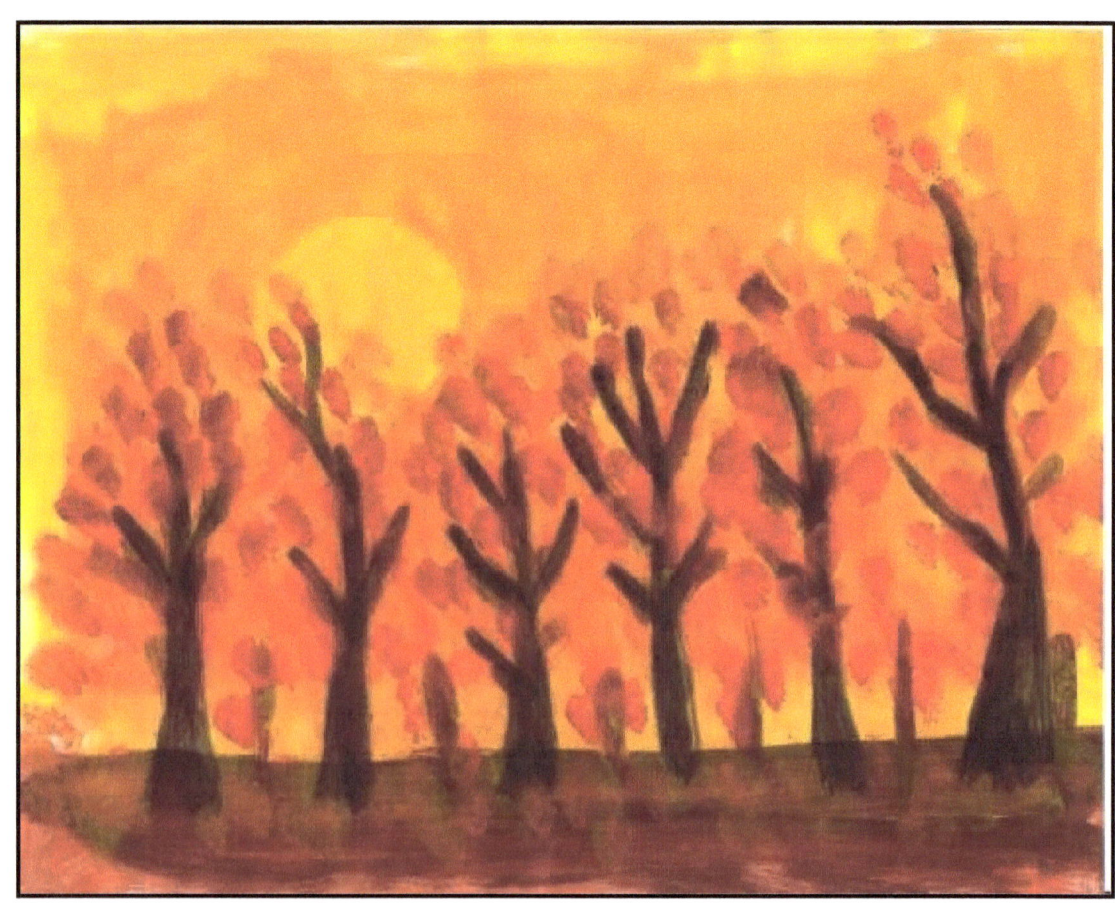

_El sol y el fuego producen calor, por eso decimos que el rojo y el amarillo son colores calientes. Cuando un cuadro es de colores azules o verdosos como el mar y el hielo decimos que es de colores fríos, dijo Mrs. Marta.

_ Entonces maestra la pintura de Miguel es caliente porque parece como si se estuvieran quemando los árboles, comentó Laura.

_Y la tuya es fría por el agua, respondió Miguel.

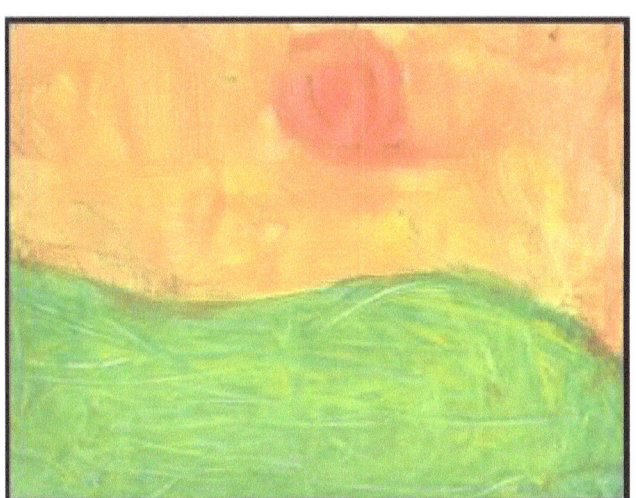
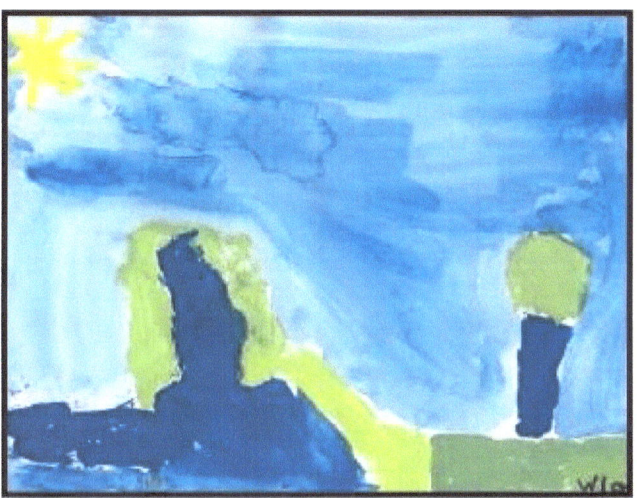

_ Pueden enfriar los colores calientes mezclándolos con colores fríos, digamos amarillo con verde o rojo con azul. Los nuevos colores que se producen son más fríos que el amarillo y el rojo que tenían primero. Un verde se puede hacer más frío si se mezcla con azul. De igual manera si queremos calentar un color frío lo mezclamos con colores calientes. Aún más, si queremos rebajar o hacer más claros los colores le añadimos blanco y pueden opacarlos mezclándolos con negro, añadió Mrs. Marta.

Entonces la maestra les enseñó a los niños una gráfica en su libro de Teoría del Color donde mostraba cómo varían los colores al mezclarlos con azul, con amarillo, con blanco y con negro.

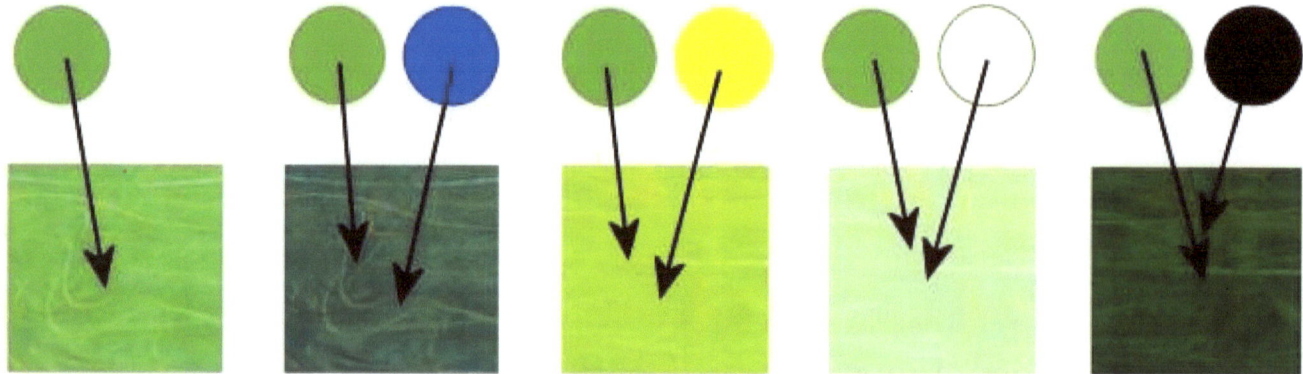

_Es importante saber la teoría de los colores para pintar mejor, aclaró Miguel.

_Así puedo pintar con más colores y que se parecerán más a los colores reales de la naturaleza, añadió Laura.

_ En la próxima clase aprenderán algo más de la teoría del color, concluyó la maestra.

Actividad

Paisajes y Bodegones – Pinta tus propios cuadros usando matices de diferentes colores. Escoge un tema e identifica que colores son los más apropiados para lograr una pintura atractiva. Para un atardecer usa colores calientes entre el amarillo y el rojo, para una tarde lluviosa utiliza colores fríos como azules y violetas. Observa como los colores ayudan a la temática del cuadro.

Taller de Pintura # 10

En este nuevo taller la maestra mostraría a sus chicos como utilizar la pintura blanca y la pintura negra para mezclar grises en un cuadro. Mientras Mrs. Marta hace una mezcla de negro y blanco, los chicos observan como la mezcla cambia a una tonalidad gris.

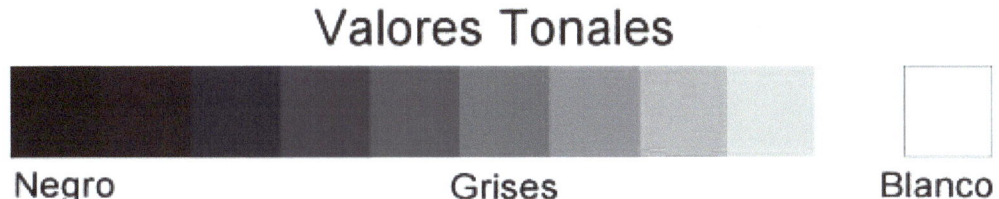

_ Podemos mezclar diferentes grises si variamos las cantidades de blanco y negro en cada mezcla, explica Mrs. Marta. Miren el color que se produce cuando mezclamos un gris con otros colores. También podemos aclarar un color mezclándolo con blanco y podemos oscurecerlo si lo mezclamos con negro.

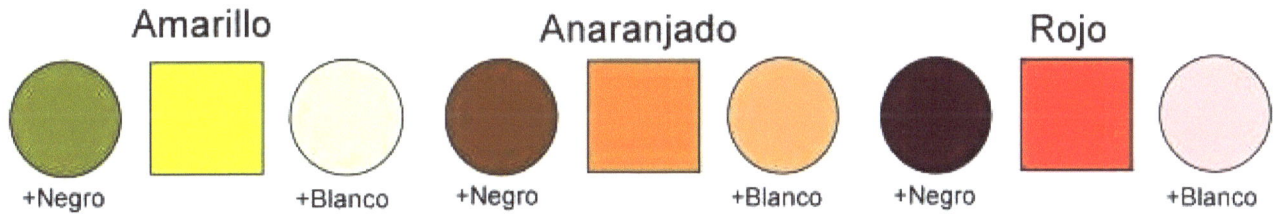

_ Si, ya empiezo a darme cuenta se parecen a los colores del atardecer cuando se va el sol, afirma Laura. Ahora quisiera dibujar y pintar una ciudad de noche usando sólo grises.
_ Te ayudo, responde Miguel; pero será un trabajo difícil yo quiero comenzar mi cuadro por el cielo azul oscuro.

Los chicos están ansiosos por comenzar a pintar con las nuevas tonalidades de los colores. Laura trabajará con diferentes tonos de grises, blancos y de negros. Miguel usará los colores variando las tonalidades mezclándolos con grises, blanco y con negro. La maestra le dará instrucciones y los guiará durante el trabajo.

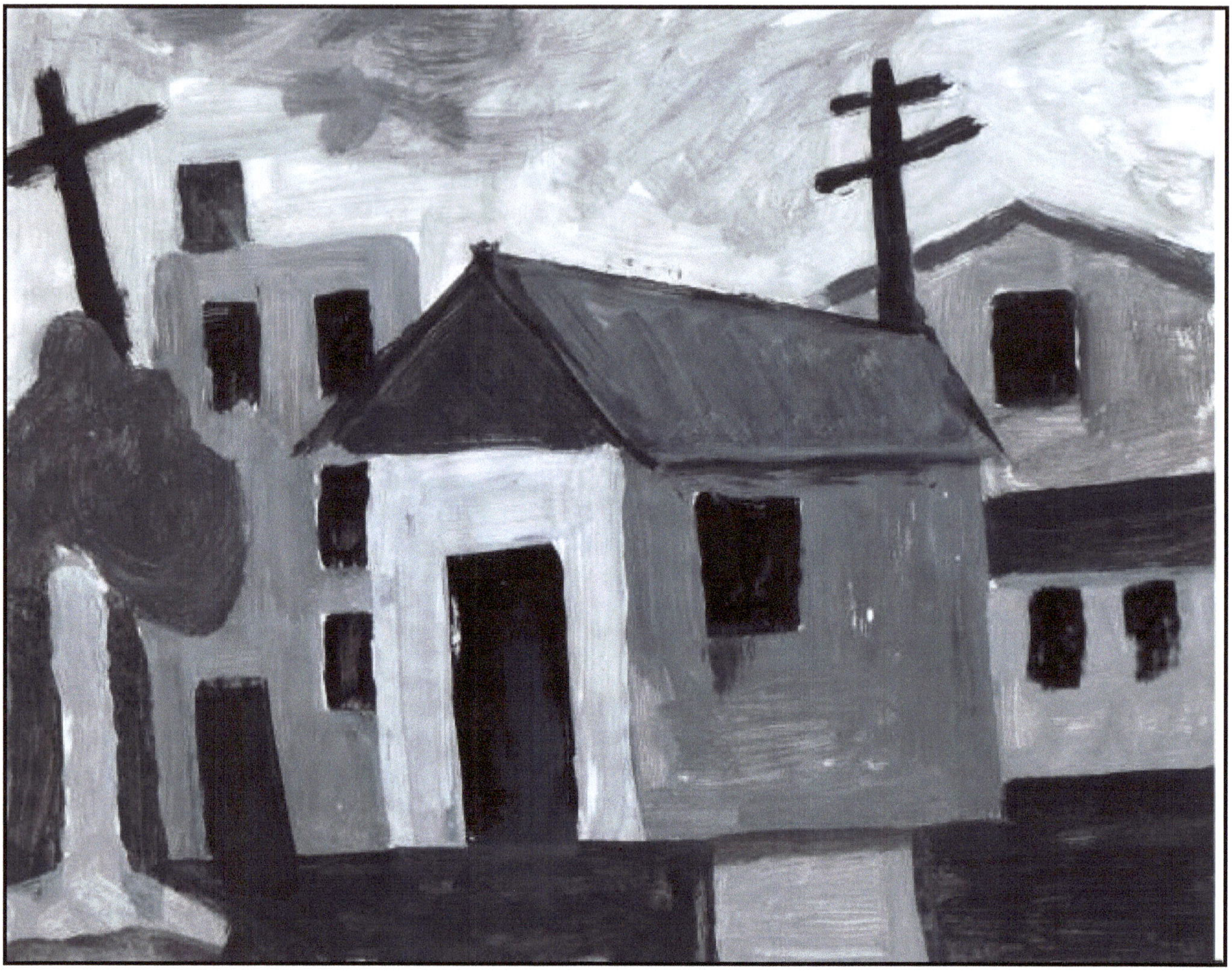

_ Miguel tiene razón, deben comenzar por el cielo que está detrás de los montes y de los techos de las casas, no pintes un gris muy oscuro para que puedan ver fácilmente las diferentes tonalidades de los otros colores. Cuando el cielo

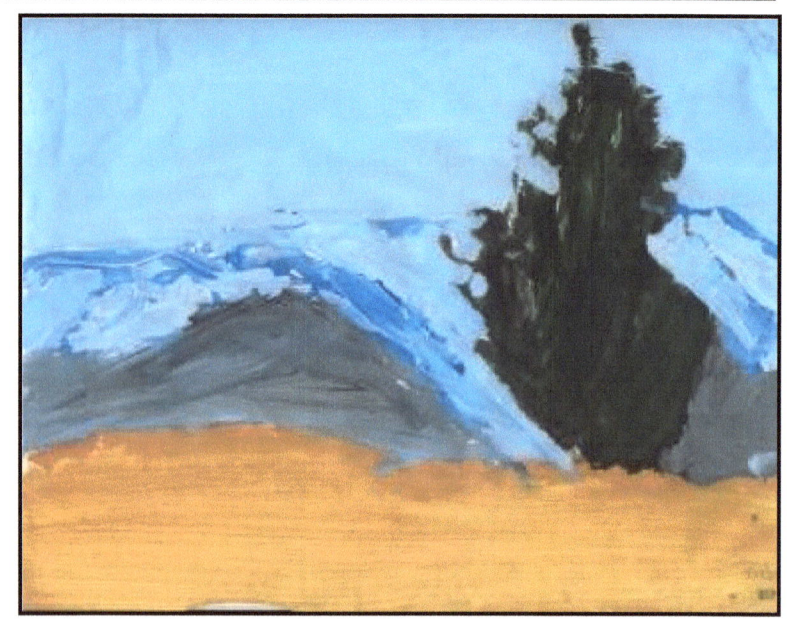

esté seco, podrán pintar las montañas. Cuando las montañas estén secas, podrán pintar los árboles y las casas en primer plano.

_ ¡Esta pintura nos tomará tiempo hacerla maestra!, exclaman Miguel y Laura.
_ Pueden comenzarla hoy y dejar secar la pintura para continuar en la próxima clase.

Los chicos recogieron sus áreas de trabajo y dejaron sus proyectos colgados en el secador para continuarlos en el próximo taller. Luego lavaron sus pinceles y guardaron sus pinturas en el anaquel. La maestra estaba bien complacida por la disciplina y respeto que mostraban Miguel y Laura con sus trabajos. En las próximas clases los chicos terminaron sus pinturas y la maestra las exhibió en las paredes del salón junto a otros trabajos realizados por sus discípulos..

Actividad

Ciudades, Campos y Atardeceres – Par este proyecto pinta algún paisaje con tonalidades de grises, colores claros y oscuros mezclándolos con blanco y negro. Observa las gráficas que ilustran los colores pasteles y truncados en las páginas anteriores. Recuerda que al variar las cantidades de blanco y negro en cada mezcla lograras diferentes tonalidades de un mismo color.

Taller de Pintura # 11

Mrs. Marta llegó al taller cargando bajo su brazo 12 hermosas reproducciones de obras de arte para que las observaran los niños y analizar su contenido. Entre las obras trae cuadros de Vincent Van Gogh, Henri Matisse, Paul Klee, Joan Miró, Pablo Picasso, Borges Soto, Frank Marc, Eduard Munch y Diego Rivera.

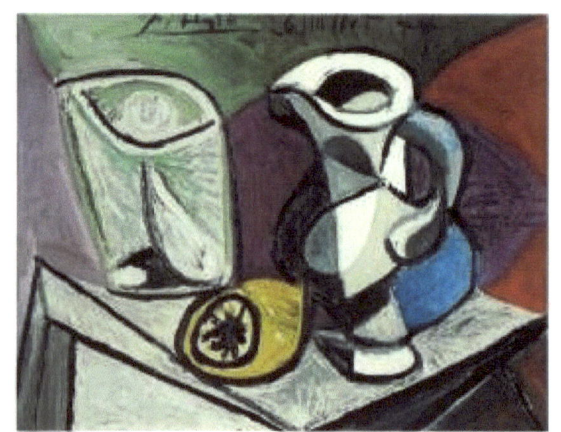

Pablo Picasso

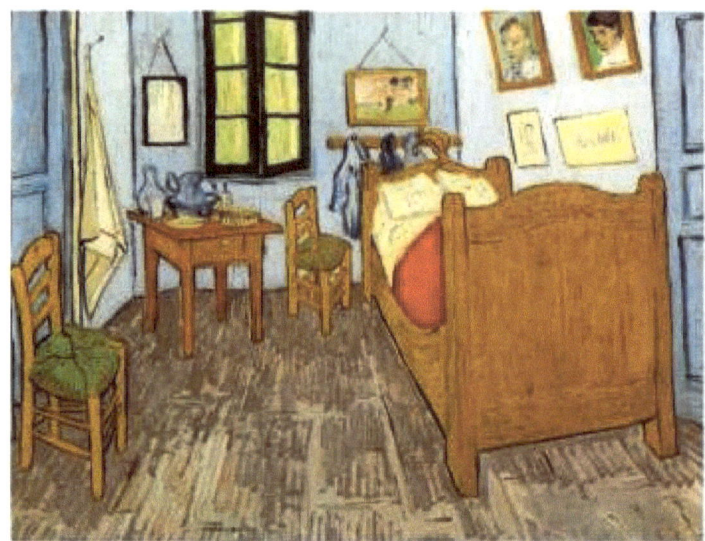

Vincent Van Gogh

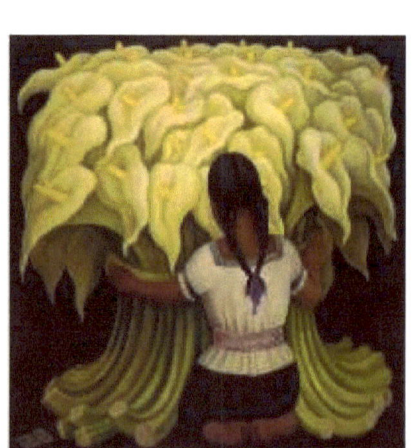

Diego Rivera

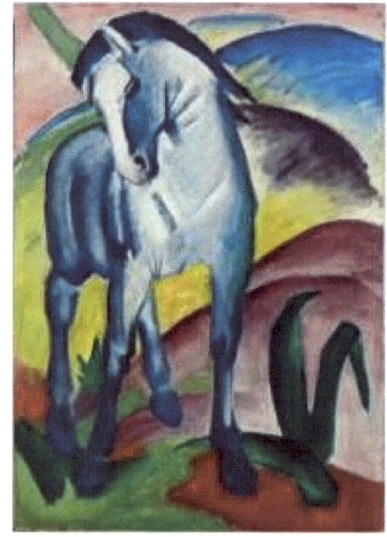

Frank Marc

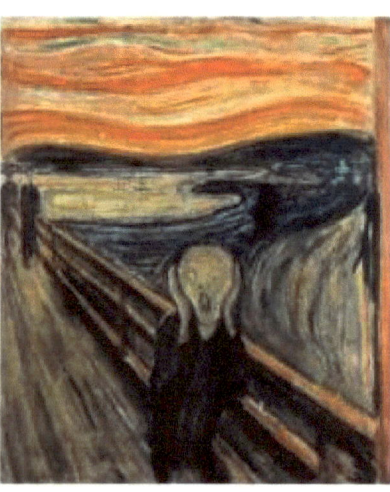

Edward Munch

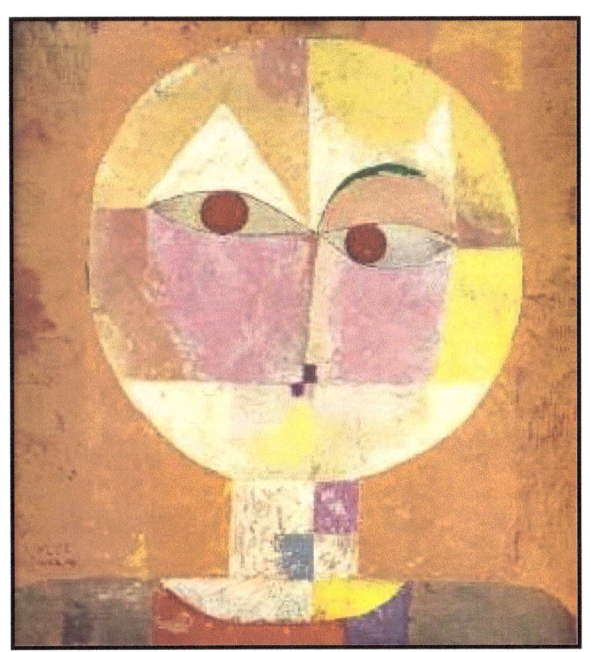
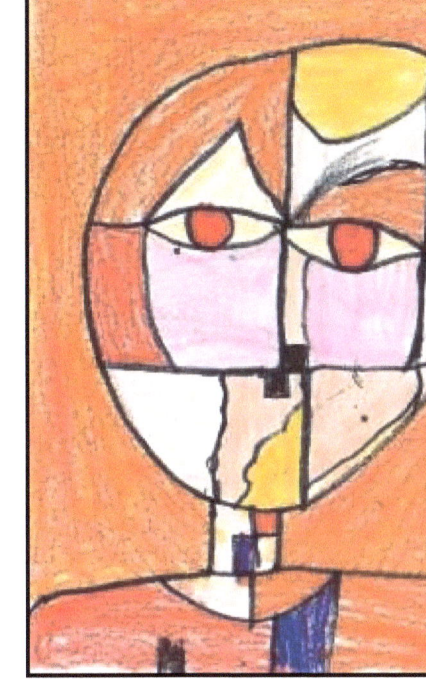

Paul Klee

_Buenos días, niños hoy haremos una tarea muy especial. Apreciaremos las obras de grandes artistas de la pintura, detalló la maestra.
_ ¡Que bien! yo tengo mi pintor favorito, dijo Laura.
_A mi también me gusta mucho la obra de Picasso, añadió Miguel.

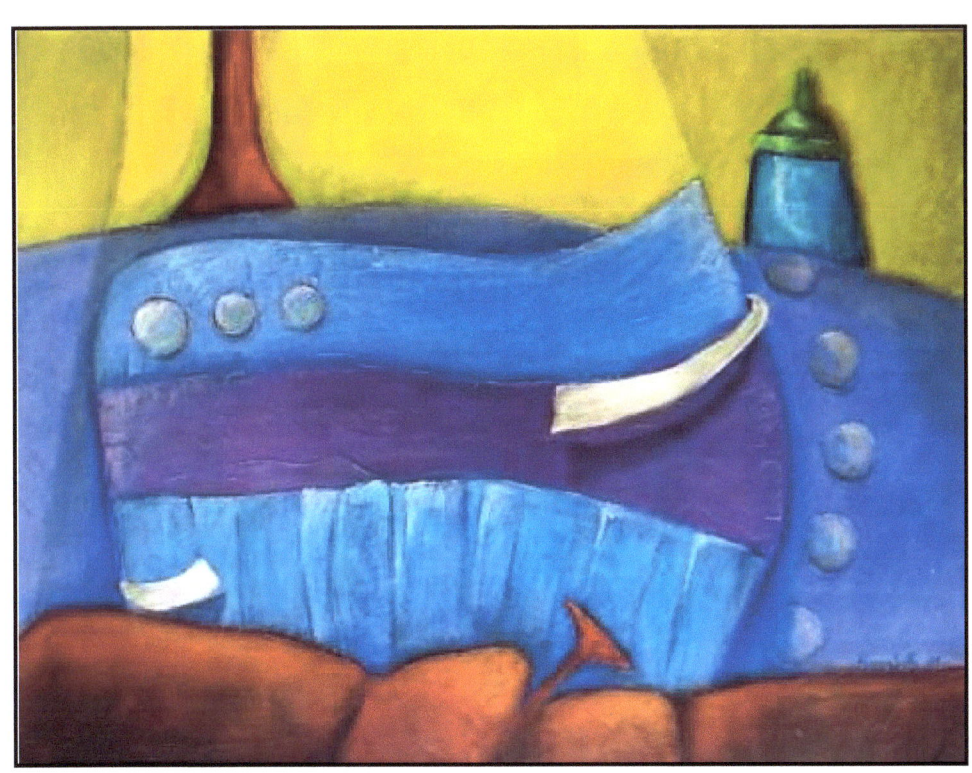

La maestra mostró a los niños diferentes obras de variados estilos y autores. Después de analizar el contenido de cada obra y de identificar algunos de sus elementos dominantes, los niños harían sus propios cuadros basados en una de las obras de estos artistas utilizando diferentes materiales.

_Vamos a observar bien esta obra de Borges Soto, la misma se titula "Abresin" ¿La habían visto alguna vez?

_No, maestra pero yo recuerdo una que tiene colores y formas parecidas y creo que es del mismo pintor, dijo Laura.

_ ¿Dónde la has visto? preguntó Mrs. Marta.

_Cuando acompaño a mami a la oficina del doctor Rojas me siento a observarla pues tiene unos colores muy hermosos y también tiene esas formas rojas que parecen germinar entre las piedras.

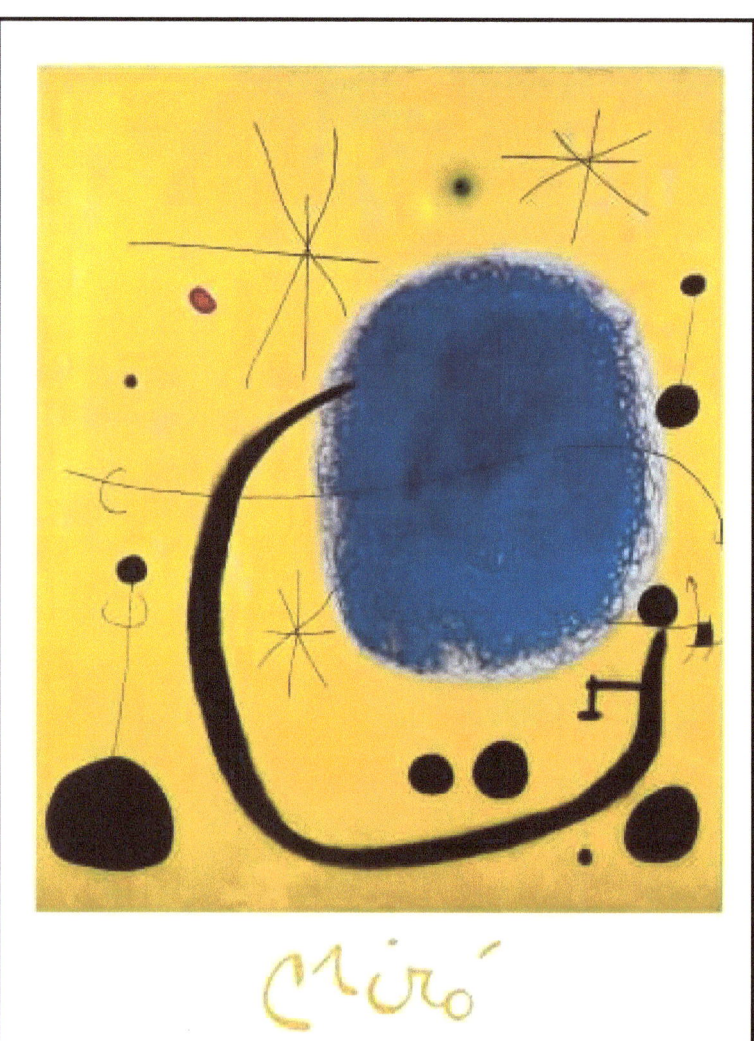

_ ¿Le buscaste la firma?, preguntó Miguel.

_Sí, pero no estaba firmado, respondió Laura.

_Es posible que sea del mismo pintor aunque no esté firmada si mantiene el mismo estilo, dijo la maestra.

_ ¿Qué es estilo maestra? preguntó Miguel.

_La forma de hacer del pintor, como aplica y usa los colores, sus formas y texturas, sus temas preferidos y como combina los elementos para arreglar sus cuadros.

Mrs. Marta continúo explicándoles a los niños sobre los diferentes artistas y sus pinturas. Identificaron los elementos en las obras y como se relacionaba el título con el contenido visual de cada una. Luego instruyó para que escogieran una obra de uno de los artistas y la recrearan a su manera para entender cómo fue diseñada y cómo se distribuyeron las formas y los colores en sus cuadros.

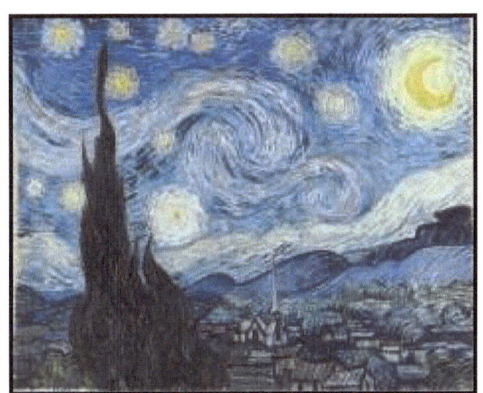
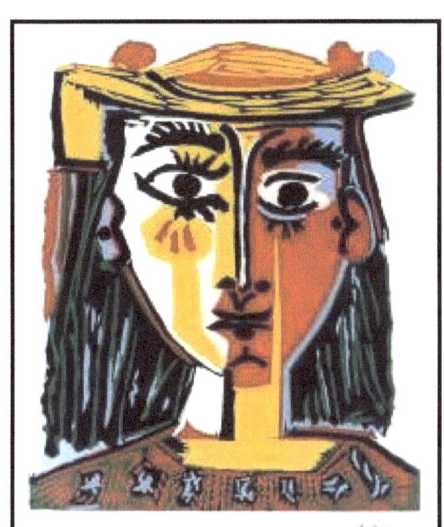
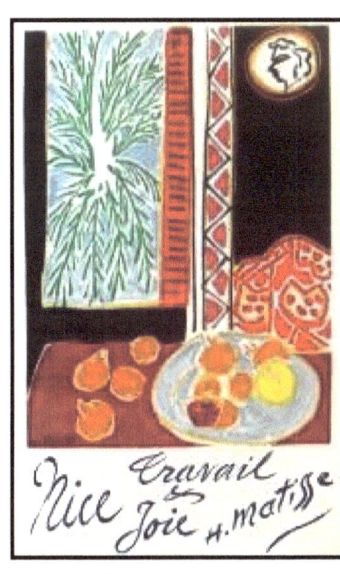

Vincent Van Gogh   Pablo Picasso   Henry Matisse

_Yo voy a pintar "La noche Estrellada" de Van Gogh, dijo Miguel, _me gusta mucho el brillo de las estrellas y cómo se ven los cipreses que parecen que le bailan a la luna. También me gusta ese de la habitación, se parece mucho a mi cuarto pues tengo una mesita y una silla igual al lado de mi cama.
_Y yo quiero pintar un cuadro de Matisse, pues la ventana se parece a una esquinita de la casa de mi abuela, dijo Laura.
_Utilicen diferentes materiales y observen bien el contenido de las formas y los colores.

Mrs. Marta observaba como cada niño analizaba la pintura, dibujaba las formas y pintaba los colores en sus trabajos sin perder su modo natural de hacer, conservando cada niño su estilo.

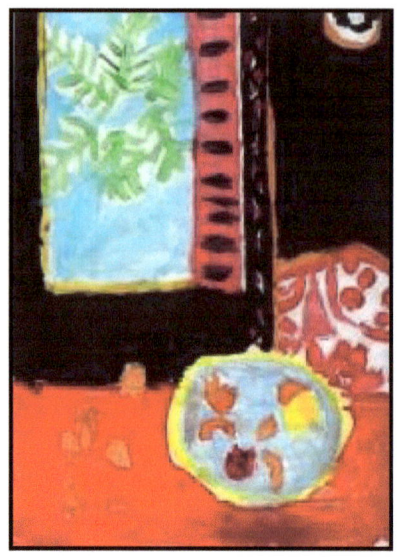

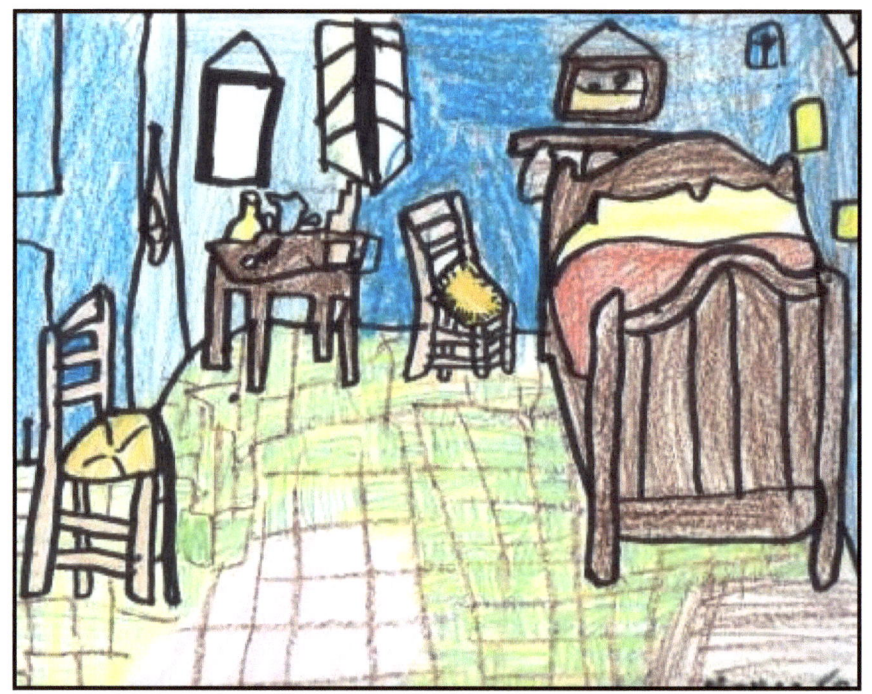

Actividad

Pinturas y Estilos – Busca una fotografía o ilustración de alguna obra de un pintor que te agrade y haz un análisis de su obra (crayón, tempera, pastel) utilizando el medio y materiales que tengas disponibles. Observa bien las formas y los colores usados por el artista y crea tus propias pinturas inspiradas en estas.

Taller de Pintura # 12

_Buenos días niños, hoy hablaremos de retratos y autorretratos en las artes, informó la Mrs. Marta.

_ ¿Qué es un autorretrato? ¿Una foto de un carro?, mi papa tiene un álbum con muchas fotos de volkis, corvette, triunfos..., decía Miguel cuando fue interrumpido por la maestra.

_No, Miguel el autorretrato es cuando un pintor se pinta a sí mismo en sus cuadros, explicó Mrs. Marta.

_ ¡Es como un "selfie" pero en una pintura!, exclamó Laura riéndose.

_Tienes la idea, pero es algo más interesante, respondió Mrs. Marta.

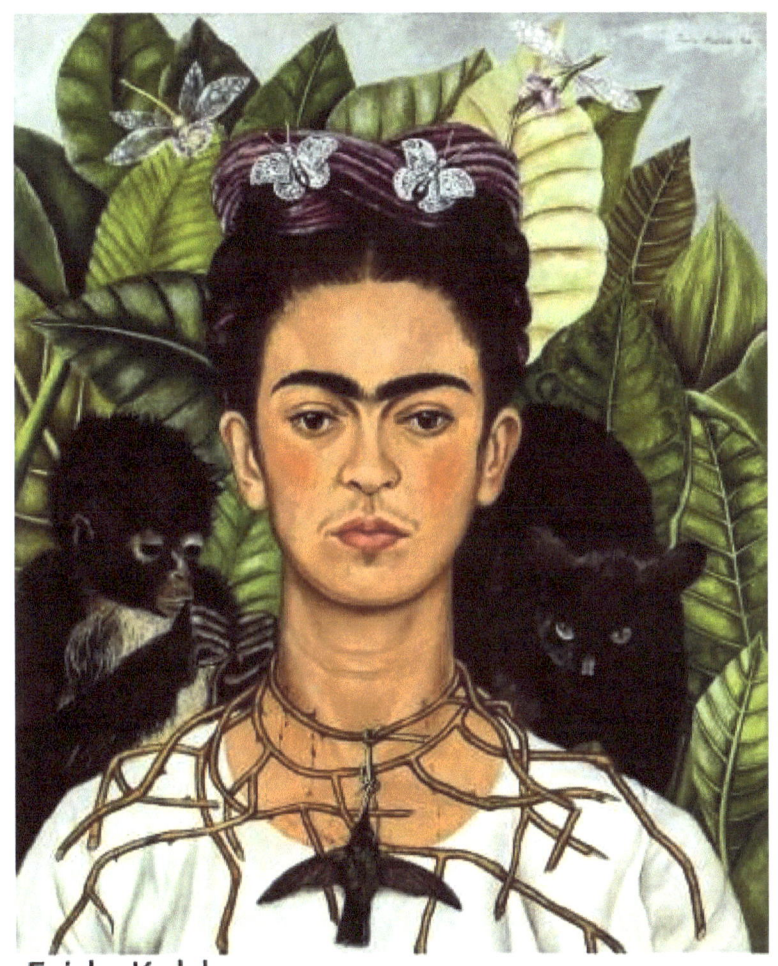
Frida Kahlo

Mrs. Marta entonces buscó un libro con fotografías de las pinturas de la pintora mejicana Frida Kahlo y comenzó a explicarles cómo la artista usaba su propia imagen como modelo dentro de sus pinturas para comunicar sus ideas y sentimientos. También hizo referencia a pintores como el Greco, de cómo se incluía entre otras de las figuras que pintaba en sus cuadros, a Vincent Van Gogh, Joan Miró, Pablo Picasso y otros artistas contemporáneos que se pintaban ellos mismos. Cuando no se tiene un modelo disponible el artista dibuja su imagen utilizando un espejo o fotografía es por eso que lo llamamos autorretrato. Cuando el artista consigue un modelo o alguna persona le encarga que la pinte en un cuadro entonces nos referimos a un retrato.

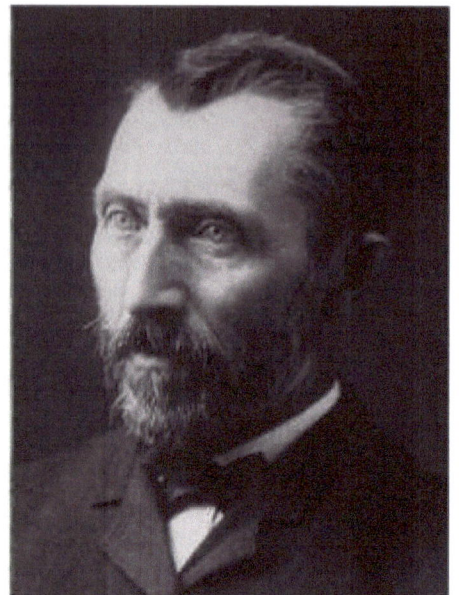

Vincent Van Gogh

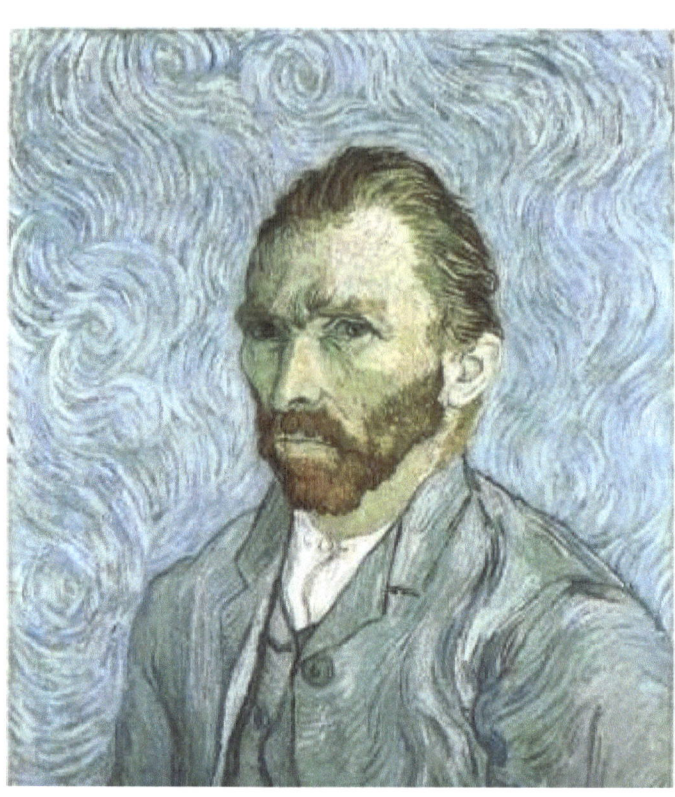

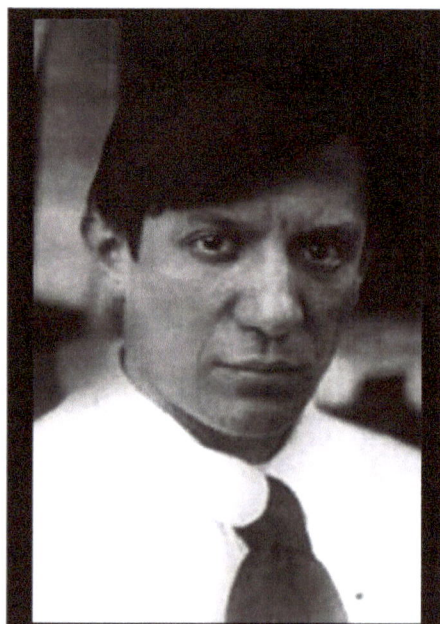

Pablo Picasso

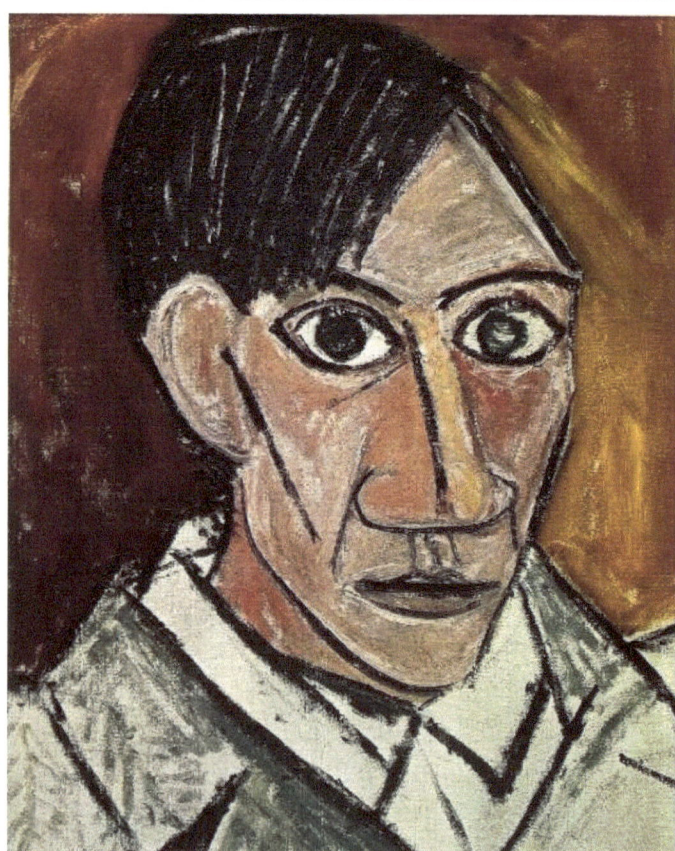

_Yo he visto en mi escuela un retrato que está en el salón de Mrs. Jiménez la maestra de español, es de una señora sentada con las manos cruzadas, comentó Laura.
_Sí, y parece que se quiere reír, añadió Miguel.

La maestra buscó un libro en su biblioteca y mostró la una ilustración de "Mona Lisa" a los niños.

_ ¡Esa misma! Sí, es esa, dijeron los niños.
_ Esa obra es del periodo del Renacimiento y fue pintada por Leonardo Da' Vinci. La modelo posó para el retrato mientras el artista trabajaba en la pintura más famosa de la historia, explicó la maestra.
_ ¿Y porque es tan famosa esa pintura?, preguntó Miguel.
_ La fama de "Mona Lisa" no se basa únicamente en la técnica empleada por Da' Vinci o en su belleza, sino también por los muchos misterios en torno a la obra. Se apunta en la historia que Leonardo mostró su obra en Roma y luego en Francia y

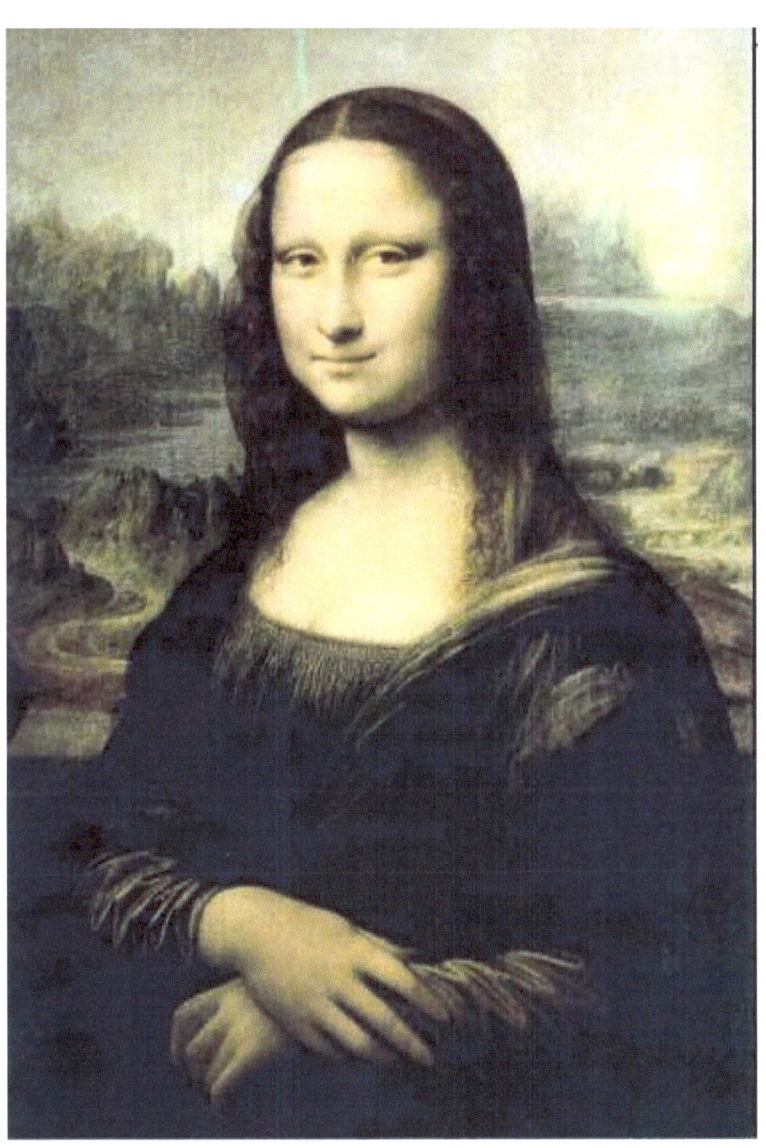

Mona Lisa

conservó la obra hasta su muerte, contó la maestra. _Otro dato importante es que la pintura fue robada en 1911 y se han hecho muchas copias de la misma.

_ ¿Y dónde se encuentra la pintura original?, preguntó Laura.

_ El cuadro está protegido por múltiples sistemas de seguridad y se preserva en el Museo del Louvre en Paris, en Francia donde es visitada por millones de personas anualmente, respondió la maestra.

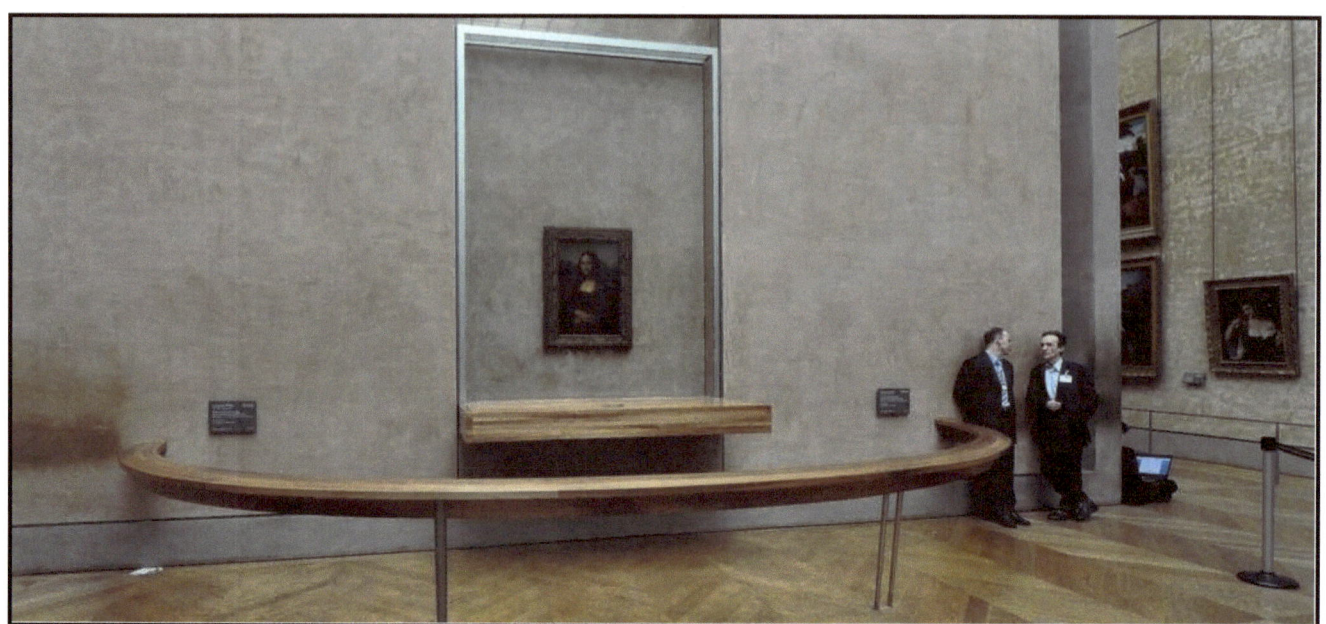

_ Algún día la veremos, le dijo Laura a Miguel.

_ Ahora yo seré la "Mona Lisa" y ustedes van a pintar o dibujar mi retrato mientras yo les modelo. Utilizaran el medio y técnica que deseen para mi retrato.

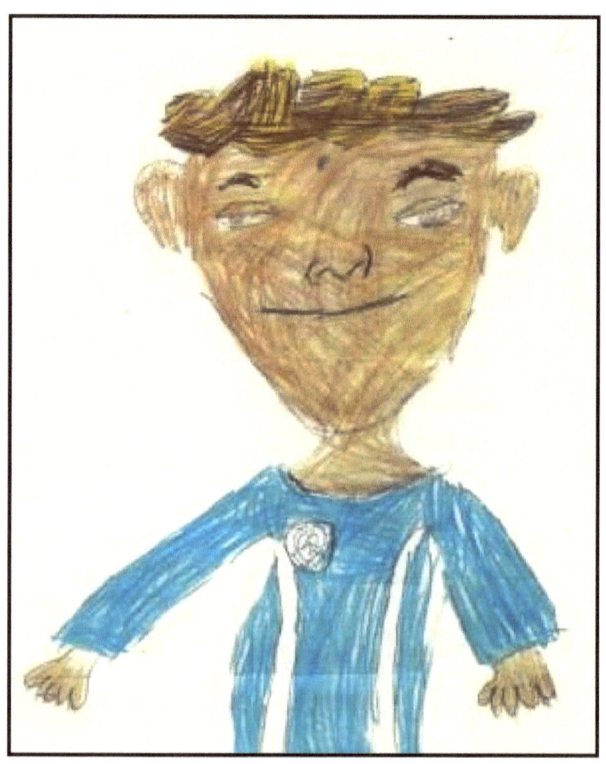

_ ¡Mrs. Marta!, ¿puedo dibujarme yo?, quiero regalarle mi autorretrato a mi mamá, preguntó Miguel.

_ Los que quieran hacer su autorretrato lo pueden hacer y los que me quieran usar de modelo para un retrato lo pueden hacer también.

_ Yo quiero dibujarla maestra, me gusta su blusa azul y su collar, dijo Laura.

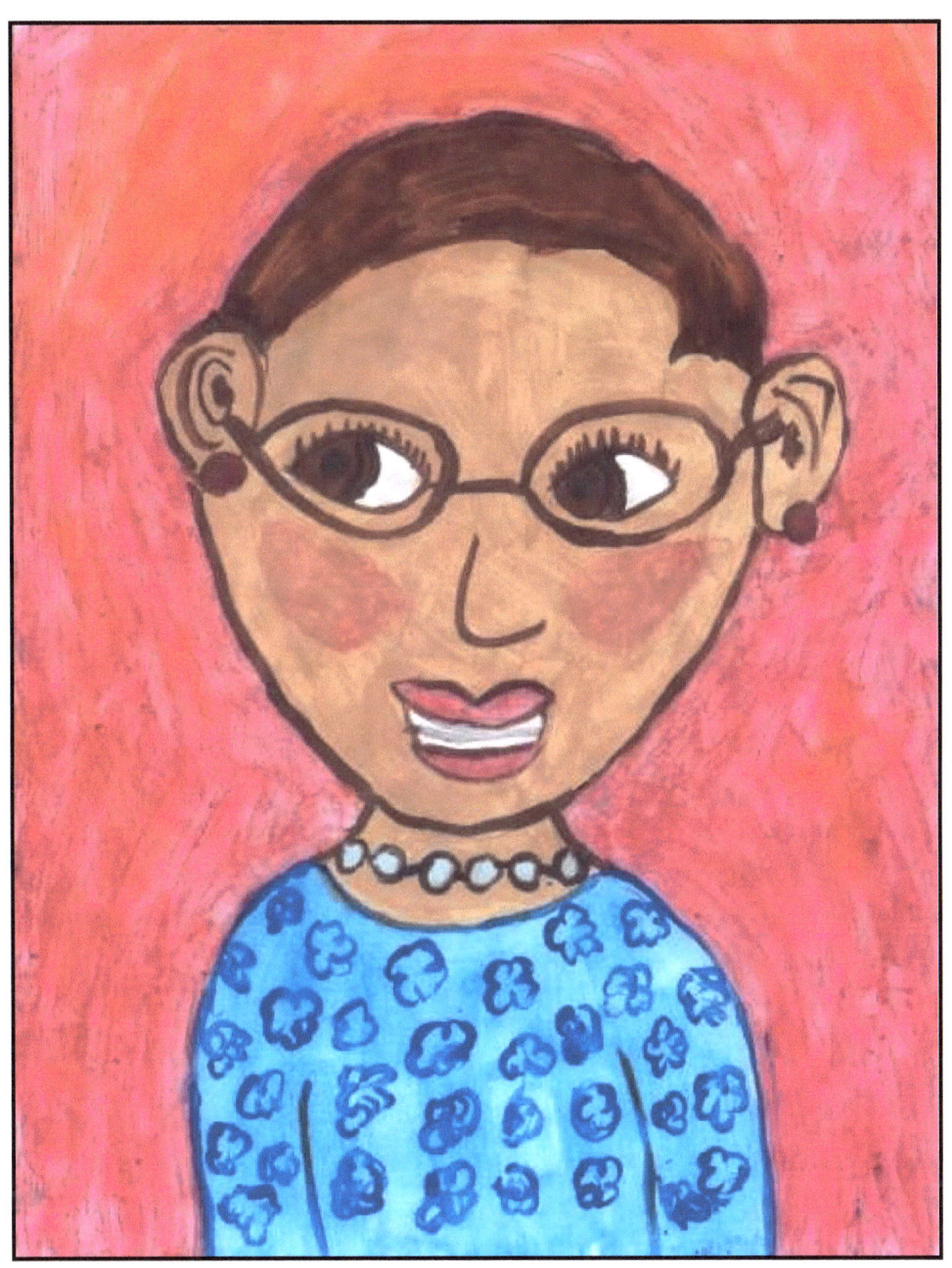

Actividad

Autorretratos y Retratos – Pinta tu autorretrato usando un espejo o una fotografía tuya de modelo. Puedes también pintar un retrato de algún amigo o familiar. Observa los detalles característicos de la persona que te sirve de modelo, forma del rostro y accesorios como espejuelos, joyería y demás.

Marta González Pérez

Educadora de nivel preescolar con vasta experiencia en los grados de prekinder y kinder. Fundadora y directora de La Escuelita de Mrs. Marta desde 1994. Directora del Proyecto Kumbayá para la intervención temprana en las Artes Visuales.

Arte para Niños ofrece un nuevo concepto de educación creativa bajo una propuesta de formación integral que utiliza el arte como herramienta eficaz para el desarrollo de las habilidades para la vida estudiantil. Los talleres para niños se ofrecen agrupados por edades, Taller Garabatos de 3 a 5 años, Taller Impresionistas de 6 a 7 años y Taller Picassos de 8 a 9 años.

Es nuestro propósito iniciar a los niños en los procesos de mirar, admirar y sorprenderse contemplando las expresiones artísticas de diversos maestros de la historia del arte, al igual que relacionarlos con diferentes etapas del arte moderno, sus principales exponentes y sus obras a través de experiencias divertidas y pedagógicas con la pintura, el dibujo, el modelado, el collage, manualidades, música, ritmo, movimiento corporal, construcciones, entre otras.

Los niños conocerán, contemplarán y admirarán a los grandes maestros de la historia del arte como Picasso, Van Gogh, Miró y Matisse, por mencionar algunos. Los capacitaremos para la observación concienzuda de los elementos que componen una obra: punto, línea, forma, textura, color, de manera que puedan interpretar por sí solos una obra de arte.

Fomentaremos el desarrollo de su capacidad creadora para que logren expresar libremente su forma de ver el mundo.

Definición de Términos y Vocabulario

Análogo	Semejante o relación entre cosas distintas.
Caballetes	Equipo para pintar al aire libre, es portable y se consigue de madera o metal.
Caracterizar	Determinar los atributos y rasgos que distinguen al modelo
Color base	Área de color plano sobre el que se trabajan luego las luces y sombras.
Color intenso	Colores tomados directamente de la rueda de color o el espectro. Primarios, secundarios e intermedios.
Complemento	Parte que completa una cosa, lo que falta para terminar algo
Contorno	Forma que recorta o separa al objeto del espacio.

Contraluz	Efecto de luz que se produce cuando la fuente de luz está detrás de la figura o modelo.
Contraste	Equilibrio en la representación de luces y sombras para conseguir un efecto artístico.
Difuminar	Fundir un color con otro para conseguir una superficie suave y sedosa en la pintura.
Dragar	Arrastrar de forma horizontal el pincel sin hacer mucha presión para dejar trazos delgados de color interrumpidos.
Encaje	Encuadre o ajuste del dibujo en el papel.
Entonar	Marcar luces y sombras en la pintura.
Espátula	Cuchilla para cargar con pintura y aplicarla.
Esponjas	Para aplicar capas y crear textura.
Esquema	Líneas simples para acomodar la figura en el dibujo.
Estampado	Presionar y levantar el pincel para descargar la pintura como si fuera un sello de goma.
Estudio	Observación de los detalles y proporciones de la figura para representarla con mayor exactitud.
Externo	Hacia afuera.
Forma	Contorno o superficie externa de un objeto.
Frotar	Fundir varios colores usando un pincel limpio o con tu dedo.
Gama de color	Conjunto de tonos y matices posibles de un color.
Gradación	Efecto por el cual una zona de luz o color se oscurece o aclara gradualmente.
Impasto	Capa gruesa de pintura.
Intermedio	Que está en medio de dos colores, un primario y un secundario.
Manchar	Definir con grandes planos las zonas de luz y de sombra en una pintura.
Masas	Zonas de color, luz o sombras uniforme.
Matiz	Lo que distingue dos cosas de semejante color. Nombre propio de un color.
Matizar	Enriquecer la gama de tonalidades de un color.
Medios	Emulsiones y solventes para modificar la consistencia de la pintura.
Mezclar	Juntar varios colores para que sus partes queden unas entre otras.
Modular	Degradar, cambiar en valor, intensidad o matiz un color.

Mojado	Aplicar los colores sobre un soporte humedecido con agua.
Neutral	Que entre dos partes que contienen no se inclina a ninguna.
Paleta	Superficie de madera o plástico para mezclar colores.
Perfilar	Definir el contorno o reforzar los trazos para destacar una parte en la pintura.
Perspectiva	Recurso para conseguir las tres dimensiones en la pintura.
Pinceles	Se fabrican con cerda de pelo natural o sintético.
Pinturas	Colores químicos para pintar.
Pigmento	Materia colorante de las sustancias minerales y orgánicas.
Plano alejado	Zona que más se aleja (*fondo*) del espectador en la pintura.
Posterior	Situado en la parte de atrás.
Primario	Color principal o primero en orden o grado.
Primer plano	Zona más cercana al espectador.
Proporción	Relación de tamaño que existe entre las diferentes partes de la figura o composición.
Punteado	Toques ligeros creando texturas de pequeños puntos.
Raspado	Remover pintura fresca sobre un color ya seco.
Rayar	Trazos verticales para rayar y conseguir textura áspera.
Salpicado	Utilizar una brocha o cepillo para salpicar la pintura.
Saturar	Saciar, impregnar de color, mayor cantidad de croma.
Secundario	Segundo en orden o producto de dos colores primarios.
Silueta	Contorno o forma externa de una figura.
Sombra	Zona oscura del modelo donde la luz es menos intensa.
Sombra propia	Zona opuesta a la fuente de luz en la figura o modelo.
Sombra Proyectada	Zona de oscuridad que produce una figura al interrumpir la dirección de la luz sobre una superficie.
Soporte	La superficie donde vas a pintar se llama soporte.
Sustraer	Apartar, separar, extraer, quitar algo de algo.
Ternario	Valores lumínicos productos de la mezcla de tres colores primarios (*grises*) más blanco.
Trabajar	Elaborar con mucho más detalle y terminaciones en la pintura.
Transparencia	Aplicar un color licuando sobre uno seco.
Volumen	Efecto de relieve o tridimensionalidad en la pintura.
Yuxtaponer	Poner un color o forma junto a otra.

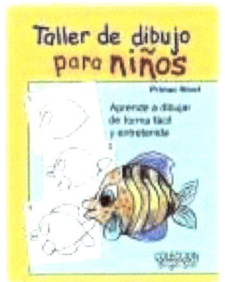 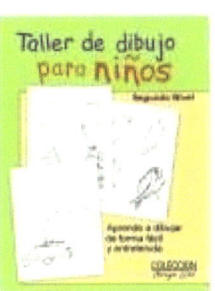 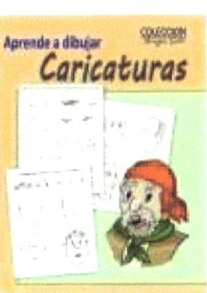 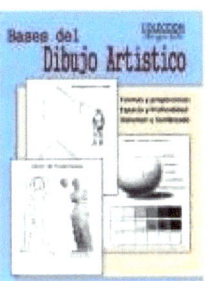 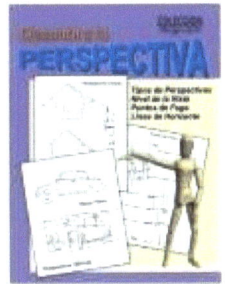

| Volumen 1 | Volumen 2 | Volumen 3 | Volumen 4 | Volumen 5 |

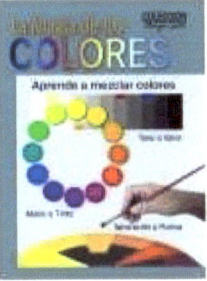 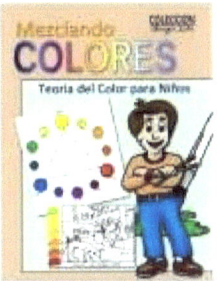 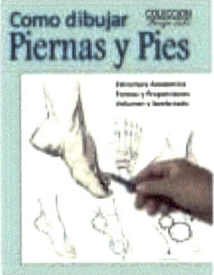 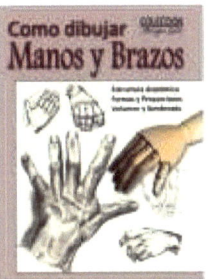 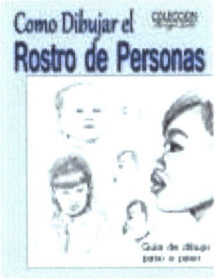

| Volumen 6 | Volumen 7 | Volumen 8 | Volumen 9 | Volumen 10 |

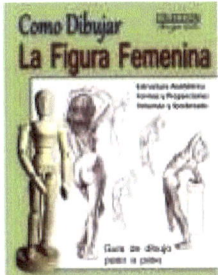 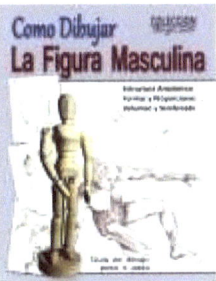 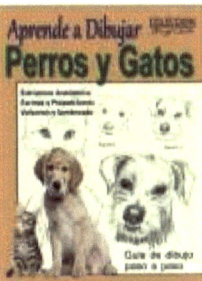 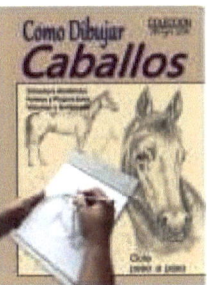 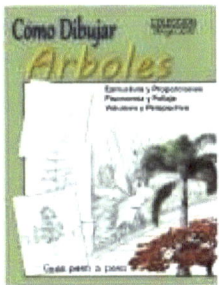

| Volumen 11 | Volumen 12 | Volumen 13 | Volumen 14 | Volumen 15 |

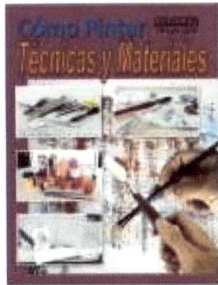 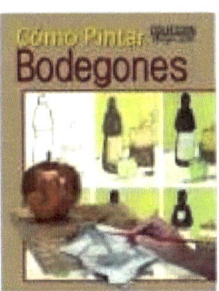 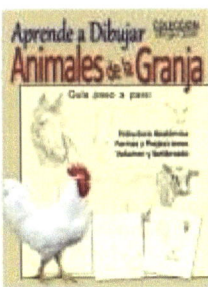 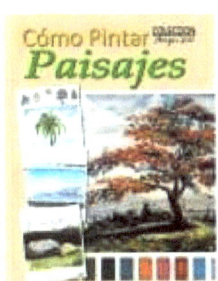 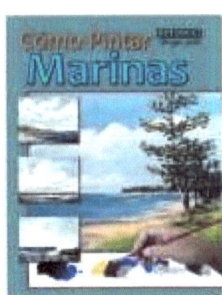

| Volumen 16 | Volumen 17 | Volumen 18 | Volumen 19 | Volumen 20 |

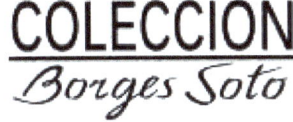

Bienvenido a una nueva experiencia en la Colección Borges Soto. Todos nuestros libros de arte están cuidadosamente diseñados para ofrecer largas horas de sano entretenimiento y satisfacer la experiencia del aprendizaje.

Disponibles en Amazon.com
Info. 1-787-898-8276